누가 뭐래도, 내 인생은 내가 만든다

누가 뭐래도, 내 인생은 내가 만든다

초판 1쇄 발행 | 2019년 3월 20일

지은이 | 김수미, 김은정, 현정, 소지환, 신강섭, OH작가, 장현주, 제준, 제해득

만든 사람들
기획 이혁백 | **책임편집** 최윤호 | **편집** 홍민진 · 김의수 | **마케팅** 김경섭 · 구한나 | **홍보** 백광석
디자인 박정호 | **인쇄 및 제본** 예림 인쇄

펴낸 곳
출판사 치읗[치읗] | **출판등록** 2017년 10월 31일(제 000312호)
주소 서울시 강남구 논현동 9-18 4F, 5F | **전화** 02-518-7191 | **팩스** 02-6008-7197
이메일 240people@naver.com | **홈페이지** www.shareyourstory.co.kr

값 15,000원 | **ISBN** 979-11-966125-1-1

이 도서의 국립중앙도서관 출판예정도서목록(CIP)은 서지정보유통지원시스템 홈페이지(http://www.seoji.nl.go.kr)와 국가자료공동목록시스템(http://www.nl.go.kr/kolisnet)에서 이용하실 수 있습니다.(CIP제어번호: CIP2019005262)

더 이상 인생 조언 따위,
거절하겠습니다

누가 뭐래도, 내 인생은 내가 만든다

이혁백 기획   김수미, 김은정, 현정, 소지환, 신강섭, OH작가, 장현주, 제준, 제해득 지음

"내가 누구인지는 내가 결정해"

I decide who I am

— 영화 <보헤미안 랩소디> 중에서 —

I AM 제 준

18세 소년이 묻습니다.
'당신의 꿈은 안녕하신가요?'

I AM 제해득

뜨겁게, 아낌없이 사랑하다.
내 인생이니까

I AM 김수미

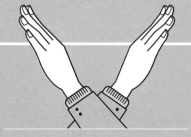

나는
마음을 감겨주는
여자입니다

작가

김수미

급식 도우미에서 헤어 디자이너까지 10년, 누구보다 다양하고 독특한 직업을 넘나들었다. 의상학을 전공하였던 그녀는, 멋모르고 시작한 의류 사업이 크게 성장하며 누가 봐도 성공한 삶을 사는 듯 보였다. 하지만 행복도 잠시, 사업의 부진과 함께 인생에서 가장 힘든 시기가 찾아왔다. "인생을 다시 산다면, 나는 똑같은 실수를 조금 더 일찍 저지를 것이다."라는 좌우명으로 살아온 그녀이기에, 결코 주저앉지 않았다. 웹디자이너로서 새로운 도전을 시작한 그녀는, GS홈쇼핑, 롯데 아이몰, 롯데 백화점, 현대 홈쇼핑 등등 홈쇼핑 및 대형 쇼핑몰회사가 찾을 정도의 성공을 다시금 이루게 된다.

하지만 이전의 성공과 실패의 경험을 통해, 안주하는 삶이 얼마나 위험한지 뼈저리게 느낀 저자는 세 번째 직업으로 헤어 디자이너를 선택한다. 그 이후 뷰티업계에서 세상에 없는 비즈니스를 실현하기까지의 과정에서, 이혼과 그에 따른 아픔, 사회적 편견들도 묵묵히 극복한 그녀는 '작가'라는 네 번째 직업을 찾아 다시 한 번 크게 변화하고 도약했다.

여자로 태어나 딸, 아내, 엄마로서 걸어가는 그 길에서도 여성들이 꿈을 잃지 않을 수 있기를 소망하는 그녀는, 경력 단절 여성들이 재취업에 성공할 수 있는 프로세스 개발 사업을 추진하고 있다.

⚘ E-MAIL ksm0759@naver.com
⚘ INSTAGRAM @soo0759

작지만 강력한
디테일의 힘

면접관으로서의 경험이 종종 생긴다. 직원을 채용하기 위해 늘 면접을 봐야 하고, 자영업이었던 의류사업을 비롯해 웹디자이너로 근무할 때도 직접 면접을 보는 위치에 있었다. 그래서인지 헤어 디자이너들을 만나면 누구든 궁금한 점을 참지 못하고 질문하곤 한다.

"미용은 어떻게 시작하게 되었어요?"

"미용은 왜 하세요?"

열에 여덟아홉은 좋아서 시작했다는 답변이 가장 많다. 미용 학과는 다른 학과 과목처럼 누가 시켜서 할 수 있는 과목이 아니다. 그런데도 일하다 보면 본질을 잊어버리는 경우가 많다. 등 떠밀려서 온 사람은 거의 없다. 좋아서, 즐거워서 시작했다고들 이야기한다. 그러나 정작 디자이너로서 일하는 분들의 표정은 밝지 않다. 원하는 바가 무엇인지 모르고, 혹은 잊어버리고 일하는 사람들을 종종 보게 된다. 그리고 많은 헤어 디자이너들의 마지막 종착역은 대부분 디자이너에서 원장이 되는 정도다. 이 사실 또한 씁쓸하다.

언젠가 대학로에서 일을 잠깐 도와드린 매장이 있었다. 어느 디자이너 선생님이 고객 머리를 샴푸 하는 중이었는데, 고객이 차갑다는 것이었다. 그런데 디자이너는 아무 말 없이 물을 조절할 뿐이었다. 그리고 무슨 일이 있었냐는 듯 아무렇지도 않게 계속 샴푸를 하고 계셨다. 정말 깜짝 놀랐다.

고객이 차갑다고 이야기했는데도 불구하고 아무 말이 없었다. 고객은 어떤 기분이 들었을까? 나를 무시한다는 생각이 저절로 들게 행동했다고 생각하지 않는 것 같다. 그러나 자신은 그렇게 행동하면서도 정작 고객이 진상이라고 떠들고 있는 모습을 보면 할 말을 잃는다. 처음부터 진상인 고객이 있을까. 대부분 작은 불만이 쌓여 진상이 만들어지는 것은 아닐까.

가장 기본적인 것에 충실하지 않은 디자이너는 다른 것을 볼 필요도 없다. 당연히 매장의 매출이 높을 리가 없다. 그 선생님을 따르는 고객이 없는 것도 당연한 결과다. 그런데 하시는 말씀이 손님이 없단다. 손님이 없다고 이야기하기 전에 나를 방문했던 고객이 다시 오는지 파악해 보아야 한다. 반드시 파악해야 하는 사항이다.

경력이 있는 선생님을 대상으로 면접을 보면 항상 묻는 것이 있다. 신규 고객을 몇 명이나 받으면서 일하셨는지, 신규 고객이 재방문으로 얼마나 이어졌는지, 객 단가는 얼마가 나오시는지 수치화된 자료가 있는지 물어본다. 이에 대답하는 선생님은 거의 보지 못했다.

디자이너들은 프리랜서 범주에 들어간다. 그래서 월급의 형태가 아닌 인센티브 제도가 적용된다. 월급이 아니니까 각각의 디자이너들은 자기 급여를 책임지며 일해야 한다는 말이기도 하다. 그러면 본인 월급을 어떻게 책임질 것인가? 매번 손님이 없다고만 이야기할 것인가? 각자의 위치에서 각자의 문제점을 분석해야 결론이 도출된다. 그러나 분석 자체를 하지 못하고 있기에 원인을 찾을 수 없다. 하지만 분석을 어떻게 해야 할지도, 분석해야 한다는 생각조차도 못 하는 디자이너가 대부분이다.

《'나'라는 상품을 비싸게 파는 방법》의 저자 나가이 다카히사는 이렇게 이야기한다.

"사람은 남이 시키거나 보수를 주는 일이 아니라 스스로 '재미있다'라고 느낀 일에 몰입하게 됩니다. … 심리학자인 에드워드 데시가 두 그룹의 학생에게 퍼즐을 푸는 과제를 내주었습니다. 첫 번째 그룹은 퍼즐을 풀어도 보수를 받지 못하는 '내발적 동기부여 그룹', 두 번째 그룹은 퍼즐을 풀면 보수를 받는 '외발적 동기부여 그룹'이었습니다. 두 그룹 모두 퍼즐 과제를 열심히 풀었지만 과제 종료 후에는 서로 전혀 다른 모습을 보였습니다. … 퍼즐을 푸는 재미보다 보수를 받는 것이 중요했기 때문입니다."

여기서 이야기하는 내발적 동기는 남이 시키거나 보수를 주는 일이 아니라 스스로 '재미'를 느낀 일에 몰입하는 것을 말하며 반대의 경우가 외발적 동기다. 앞서 이야기한 바와 같이 내발적 동기를 가지고 미용을 시작하였으나, 상황에 익숙해지면서 외발적 동기로만 일하게 되어 발생하는 문제들인 것이다. 물론 이 문제는 현재 미용 시스템의 문제로 발생하는 부분도 상당히 크다. 하지만 지금 당장 우리가 바꿀 수 있는 문제가 아니기에 외부에 초점을 맞춰서 생각하면 답을 찾을 수 없다.

헤어 디자이너도 다른 직종과 마찬가지로 많은 공부를 해야 하는 직업이다. 우리는 종합 서비스를 제공해야 하기 때문이다. 첫째, 기술 연마는 기본이다. 둘째, 그 무형의 기술을 고객에게 팔아야 하는 세일즈다. 셋째, 세일즈를 통해 개개인의 이윤을 창출하며 책임지는 사업자다. 첫 번째 사항은 모두 동의할 것이다. 하지만 나머지 두 가지에 동의하는 사람은 적을 것이다. 아니, 거의 없을지도 모른다. 오히려 반대의 의견이 더 많을 것이다.

기술 연마와 관련된 이야기는 두말할 필요가 없는 것으로 두 번째 이야기, 세일즈부터 생각해 보자.

《파는 것이 인간이다》의 저자 다니엘 핑크는 다음과 같이 이야기한다. "세일즈란 타인의 구매를 직접 유도하는 활동이 아닌 남을 설득하고, 이해시키고, 영향을 미치는 일이다"라는 것이다.

우리는 일반적으로 유형의 상품만을 이야기하는 범위보다 넓게 이해해야 한다. 오히려 유형의 물건들은 쉽게 판매할 수 있다. 그 물건에 대한 장단점을 적절히 이야기하고, 그것을 필요로 하는 사람들을 잘 선택하면 된다.

소비자는 눈으로 보고 손으로 만져볼 수 있기에 판단하기 쉽다. 그러나 우리의 기술은 어떠한가? 눈으로 보이지도 손에 만져지지도 않는다. 모든 과정이 끝나고 고객의 주관적인 판단으로 평가받을 뿐이다. 고객과 마주했을 때 나의 기술을 어떻게 설득하고, 이해시키고, 영향을 미쳐서 판매할지 고민해본 적 있는가?

앞으로 우리는 이 부분에 대해 더욱 깊이 고민하고 준비해야 한다. 그래야 미용 시장에서 살아남을 수 있다. 살아남아야 나의 노후를 스스로 책임질 수 있게 된다. 이 이야기는 추후 더욱 자세한 내용으로 만나 볼 수 있다.

세 번째 이야기, 프리랜서에 대해 생각해보자. 미용인들은 대부분 프리랜서지만 일정 시각에 출퇴근하는 고용직이기도 하다. 프리랜서라 함은 일정한 집단이나 회사에 전속되지 않은 자유계약에 의하여 일하는 사람들을 말한다. 하지만 미용인들은 현실적으로 그렇지 못한 상황에 부닥쳐 있다. 모든 것이 쉽게 급변하지 않듯 지금 상황도 마찬가지다.

제도를 탓하기엔 시간이 아깝다. 그것을 논할 시간에 나를 발전시키는 것이 더 효율적이다. 그렇게 하기 위해서는 앞서 이야기했듯이 모든 것을 수치화하여 개개인이 관리할 수 있는 능력을 보유해야만 한다. 그렇게 관리할 수 있을 때 개개인의 목표치에 이를 수 있다. 더 나아가 직원들이 스스로 관리하는 데 도움을 줄 수도 있다. 나 먼저 스스로 할 수 있고 스스로 할 줄 알아야 직원과 동반 성장할 수 있다. 옛 방식으로, 또는 주먹구구로 운영하는 시대는 지나갔다. 이 문제에 관한 자세한 이야기는 뒤에서 하도록 하자.

이 모든 것이 갖춰져야만 고객에게 신뢰를 얻게 된다. 신뢰를 얻어야만 우리는 고객에게 스타일을 제시할 수 있다. 더 나아가 고객을 리드하게 된다. 고객을 리드할 수 있을 때만이 진정한 디자이너이며 프로이며 프리랜서의 길로 나아가게 된다. 나는 이런 방법들을 가지고 고객의 스타일을 만들어왔다. 또한, 지금의 프로세스를 더욱 세분화시키고 있다. 세분된 프로세스에 섬세함까지 갖추고자 한다. 고객들 개개인의 요구가 점점 꼼꼼해지기 때문이다. 앞서 이야기한 저자 나가이 다카히사도 이렇게 말한다.

"세상이 급격히 변화하고 고객의 안목이 높아지면서 욕구가 극단적으로 세분되었습니다. 이처럼 다양한 욕구에 부응하려면 유연한 발상이 반드시 필요한데, 사람들은 여전히 사무실에 틀어박혀 비슷비슷한 아이디어를 내놓았습니다. 세상의 변화를 따라가지 못하면 경쟁력을 잃고 도태되는 것은 시간문제였습니다."

×

아줌마도
명함이 필요해

큰아이가 5살, 작은 아이가 3살이 되던 해였다. 큰아이가 옷자락을 당기며 이야기한다.

"엄마, 나는 왜 저 노란 가방(유치원 가방) 메고 저기(유치원을 가리키며) 안 가요?"

아들이 너무 사랑스러워 더 많은 시간을 함께하고 싶었고, 낯가림이 조금 있는 아이라 유치원이나 어린이집에 보내기가 불안했다. 품 안에 더 끼고 있고 싶었다. 1년만 더 데리고 있은 후에 딸아이와 함께 보내려고 하던 참이었다. 아이가 가겠다고 하여 보내게 되었다. 큰아이는 유치원에, 작은 아이는 어린이집으로 각각 등원하게 된 시점이 찾아온 것이다. 아이들이 등원하고 나니 나만의 시간이란 게 주어졌다.

혼자만의 시간이 생기니 어색하기도 하고 무엇을 해야 할지 몰랐다. 딱히 할 일이 없었다. 아니 하고 싶은 일이 없었던 것이 더 정확한 표현일지도 모르겠다. 시간에 여유가 생겨서 좋은 듯한 느낌도 잠시였다. 시간이 많아졌으나 효율적으로 쓰지 않으니 오히려 무료함이 느껴졌다.

아이들 모두 하원 하는 시간 전인 오후 3시까지 할 수 있는 일을 구해보기 시작했다. 하지만 그 짧은 시간에 할 수 있는 일은 별로 없었다. 그래도 집에 있기는 싫어 일을 지속해서 알아보았다. 찾아본 끝에 고등학교 급식 도우미 일을 찾게 되었다. 면접을 보고 급식 도우미 일을 시작하게 되었다. 공교롭게도 내가 졸업한 고등학교였다. 졸업 후, 갈 일이 없는 곳이었는데 내가 다닌 학교가 일하러 가는 곳이 되니 어색하기만 했다.

그렇게 급식 도우미 일이 시작되었다. 무료함 때문에 시작된 일이었지만, 그 무료함을 잊을 수 있는 것도 잠시였다. 적응이 되기가 무섭게 급식실에서 같이 일하는 아주머니들의 소위 말하는 텃새가 있었다.

같이 시작하게 된 동료 언니와 나는 신참이라고 불렸다. 군대도 아닌데 말이다. 그들은 스스로 엄청 대단한 존재인 것처럼 이야기하며 무언가를 늘 지시하였다. 쉬는 시간이면 신참은 화장실 청소하는 시간이라며 나와 언니에게 화장실 청소를 시켰다. 어이가 없었지만 할 수밖에 없었다. 고무장갑을 끼고 화장실 청소를 하는데

방에서 이야기가 흘러나왔다. 듣고 싶지 않았지만 또렷하게 잘 들렸다.

아주머니들은 방에서 누워 간식을 드시면서 다들 자식 자랑에 여념이 없었다. 내 아들은 어디 취직했고 직급은 뭐고, 돈을 얼마 벌고…. 이번에 뭐를 선물 받았는지 무엇을 사주었는지…. 한 사람의 이야기가 끝나면 다른 사람들의 자식 자랑이 바통을 이어받듯 이어졌다. 그 대화를 들으며 화장실 청소를 하던 나는 문득 이런 생각이 들었다.

'나도 저 나이에 이런 곳에서 일하며 저렇게 자식 자랑만 하면서 늙게 될까? 왜 자식의 명함을 들고 핏대 세우며 자랑하는 걸까? 서로가 서로에게 관심도 없어 보이는데…. 대단한 직업도 아닌 것 같은데….'

그때 느낀 바가 있다. 본인들이 내세울 것이 없으니 자식이라도 잘 키운 나를 인정해 달라는 아우성치는 것 같았다. 나에겐 그렇게 들렸다.

그날 나는 결심했다. 내가 저 나이엔 내 자식 명함 말고 내 명함을 줄 수 있는 사람이 되고 싶다고. 자식 자랑 말고 나를 자랑하며 내 명함을 가지고 사는 삶을 살아야겠다고….

그런 마음이 생길 때마다 더욱 생각을 깊이 하였다. '나는 무슨 일을 할까?' '무슨 일을 해야 행복할까?' '무슨 일을 해야 오래 일할 수 있을까?'

늘 이런 생각이 머릿속에서 지워지지 않았다.

그러던 어느 날 충격적인 사건이 하나 발생했다. 예전의 그 날은 굉장히 충격적이었는데 지금 돌아보면 조금 완화되는 것 같다. 아들을 키우면서 다른 시각으로 바라보는 시각을 갖게 되었기 때문인 것 같다.

급식 도우미 일은 고등학교 학생들이 식사를 마치고 나면 식탁을 소독하며 닦는 일이었다. 여느 때처럼 급식 식탁을 닦고 있는데 한 남학생이 밥은 먹지 않고 숟가락으로 식판을 딱딱 치기만 하였다. 숟가락으로 음식을 이리저리 파헤치는 모습이 불량스러웠다. 다리는 꼬고 앉아있었고 고개는 비딱하게 하고 있었다. 급식 시간이 끝나는 종이 울려도 그 학생은 일어날 생각을 하지 않았다.

나는 상관하지 않았다. 내 할 일을 묵묵히 수행하고 있었다. 그런데 이게 무슨 일인가? 갑자기 그 학생이 식판을 들고 와서 내가 닦고 있는 식탁 위로 아주 멋지게 쏟아붓는 것이 아닌가? 나는 너무 놀랐고 넋이 나간 채 그 학생을 빤히 쳐다보았다. 그 학생도 나를 빤히 쳐다보았다. 얼이 나간 나를 보며 그 학생은 아무 말 없이 유유히 사라졌다.

멍하니 서 있는 나에게 주방장님이 다가오셨다. 어깨를 토닥토닥 두드리며 잘 참았다고 하셨다. 그 학생을 건드리면 밖에서 보복할 가능성이 있으니 우리도 안 건드린다고 솔직하게 말씀해 주셨다.

참으로 어이없는 일이었다. 기가 막혀서 아무 말도 나오지 않았다. 일하는 내내 마음이 불편하고, 머릿속은 복잡했다. 그 일은 한동안 정신을 멍하게 만드는 일이 되었다.

정신을 차릴 때쯤 더 깊은 고민을 하였다. 어떻게 살아야 할지에 대한 고민을 다시 한번 하게 되었다. 아이들이 크고 나면, 나는 무슨 일을 하기 위해 준비하여야 할지 고민에 고민을 거듭하였다. 늘 머릿속에서 지우지 않았다. 지금 내가 가야 할 길을. 그리고 앞으로 가야 할 길을 잊지 않았다.

우리는 지금 100세 시대를 살고 있다. 런던 경영 대학원의 린다 그래튼 교수는 《100세 인생》이라는 책을 통해 더 오래 사는 것은 "저주가 아니라 선물"이 되도록 해야 한다고 주장한다.

일본에서 100세가 되는 노인은 은으로 만든 넓은 술잔인 사카즈키를 선물 받았다고 한다. 이런 전통이 시작된 1963년에는 100세 노인 153명에게 사카즈키가 전달됐다. 2014년에는 2만 9,350명이 받았다. 그러나 2015년부터는 사카즈키 선물 전통이 중단됐다. 대상자가 너무 많아졌기 때문이라고 한다.

이처럼 우리의 인생 여정이 더 길어졌다. 길어진 만큼 풍요로운 삶으로, 행복한 삶으로 살아가기 위해 우리는 지금 무엇을 해야 하는가? 무료함을 달래기 위해 경제 활동을 시작했든, 생계를 위해 경제 활동을 시작했든 그 무엇도 중요하지 않다. 경제 활동을 한다는 것 자체가 중요한 삶이 되었다. 돈을 많이 벌고 적게 벌고는 중요하지 않다. 경제 활동을 지속해서 유지해야만 하는 시대가 된 것이다.

내가 존재하는 곳, 내가 일할 수 있는 곳이 있어야 한다. 지금 당장 직장이 있고 직업이 있다고 하더라도 먼 노후의 삶까지 보장하는 직장일 수는 없다. 이처럼 일할 수 있는 곳이 있어도 그러한데 하물며 일할 수 있는 자리조차 없다면 어떻게 되겠는가?

무슨 일을 하든 중요하지 않다. 일을 하는 것 자체가 중요하다. 각자의 위치에서 각자의 직업을 가지고 존재가치를 드러내면 잘하고 있는 것이다.

무슨 일이든 좋다. 무엇이든 먼저 시작하고 움직이는 삶을 사는 것이 중요하다.

나는 얼마나 남의 시선을 신경 쓰고 있을까

올림픽 공원 안에 오륜동 은행나무가 있다. 약 530년으로 추정되는 은행나무로 나무 높이는 17.5m이고 나무 둘레는 6m다. 운동할 때면 이 은행나무를 꼭 보러 간다. 마치 남자친구인 양 안 보면 보고 싶고 잘 있나 궁금하다. 보호수라서 만져볼 순 없지만, 늘 제자리에 우직하게 서 있는 모습만 봐도 좋다. 이 한결같은 모습에 위로를 받고 싶은 날이나 슬픈 일이 있을 때면 찾아가곤 한다.

《나는 나무처럼 살고 싶다》의 우종영 저자는 서문에 다음과 밝힌다.

"겨울이 되면 가진 걸 모두 버리고 앙상한 알몸으로 견디는 그 초연함에서, 아무리 힘이 들어도 매해 꽃을 피우고 열매를 맺는 그 한결같음에서, 평생 같은 자리에서 살아야 하는 애꿎은 숙명을 받아들이는 그 의연함에서, 그리고 이 땅의 모든 생명체와 더불어 살아가려는 그 마음 씀씀이에서 내가 정말 알아야 할 삶의 가치들을 배운 것이다."

한 곳에 자리 잡아 뿌리를 깊게 내리고 우직하게 그 자리를 지키는 나무는 흔들림이 없다. 잔가지들과 나뭇잎들은 바람에 춤을 추지만 뿌리는 든든하게 버틴다. 강인함과 함께 유연함도 공존하는 것이다. 우리네 삶도 이와 같다면 얼마나 좋을까. '나'라는 뿌리를 깊게 내리면서 상황에 따라 유연함도 갖춘다면, 내가 나무를 찾아가듯 다른 사람도 나를 찾아오지 않을까.

우리는 긴 여정을 걷고 있다. 그 속에는 따스한 햇볕도 비춰주지만 예상하지 못했던 비바람, 폭풍우도 맞서야 하는 상황도 있다. 때로 넘어지고 일어나고 싶지 않은 날도 있다. 어떻게 일어나야 할지 몰라 울고 있거나 모든 걸 포기하고 싶을 때도 있다. 그럼에도 우리는 오뚝이처럼 일어나 나의 뿌리를 더 깊고 넓게 내려야만 한다.

나와 남편은 의상학을 전공했다. 대학교 학창시절 캠퍼스 커플로 우리의 만남은 시작되었다. 당시 남편은 복학생이었고 나는 신입생이었다. 남편은 졸업하기도 전에 장사에 관심이 많아 일을 벌였고, 나는 남편 과제물까지 감당하며 졸업하게 됐다. 졸업과 동시에 결혼으로 이어졌는데, 결혼하고 마음이 안정되니 에너지가 한 곳에 집중되었다. 장사는 잘 되었고, 주변 상인들의 부러움과 시기를 살 만큼 빠르게 성장했다. 장사에서 사업으로 규모가 커지면서 돈이 불어났고, 공장까지 계약하면서 의류 생산도 같이했다. 이렇게 우리 가족은 해피엔딩을 기대하며 살 수 있으리라 생각했다.

그러나 인터넷 쇼핑이 늘어나는 분위기에서 장사가 잘 안될 때면 경기가 안 좋다는 이유로 위안으로 삼고 합리화하였다. 그러나 나아질 기미가 보이지 않고, 매출도 점점 떨어지기 시작했다. 슬슬 걱정이 많아지면서 잠 못 이루는 날이 늘어갔다. 아이가 커갈수록 더욱 불안한 마음에 사로잡혔다. 이런 현실에 마주하는 것이 어려워 한동안 육아에 미친 듯 아이들만 보고 살았다.

그러나 밤이 되면 불안감이 엄습해 왔다. 마음의 틈을 내어주니 작은 불씨와 같은 감정이 활활 타오르기 시작했다. 그때 불을 꺼야 했지만, 나는 마치 불씨를 손 위에 두고 아프다고 소리치는 모습이었다. 남편을 원망하며 다툼도 잦아졌고, 심지어 아이들에게 이런 모습을 보이기도 했다.

용기가 없었다. 내 삶을 책임질 용기, 문제를 헤쳐나갈 용기, 주변의 시선에 당당하게 마주할 용기가 없었다. 그렇게 10여 년의 세월을 울며 지냈다. 그러나 앞으로의 10년을 내다볼 때, 지금처럼 살고 싶지 않았다. 스스로 용기를 내야 했지만, 떠밀려서라도 용기를 내고 싶었다. 무언가 선택해야 했고, 그 선택에 스스로 책임질 용기가 필요했다. 그리고 힘겨웠지만, 한 걸음을 내디뎠다. 미지의 세계에 발을 디디는 것은 참 두려운 일이다. 우리 아이들까지 불행의 늪에 빠지지는 않을까 걱정되기도 했다.

그러나 용기를 낸 지금 우리는 행복하다. 지금의 선택에 후회가 없다. 나도 아이들도 지금 평온하다. 이 평온함이 언제 또 깨질지 모르지만 지금은 그렇다. 이 평온함을 취하기 위해 부단히도 애쓰며 싸웠다. 사회적으로 나를 바라보는 시선과 직장 및 다른 사람들 입에 오르내리는 입방아에 흔들리지 않도록 나를 더욱 단단히 부여잡았다.

의류 관련 전공을 공부하고 의류사업을 했지만, 웹 디자이너로, 그리고 웹 디자이너에서 헤어 디자이너가 되기까지 많은 일이 있었다.

미용실에서 실장으로 근무할 때 일이다. 많은 일이 있지만, 대부분 어려움은 인간관계에서 오는 힘듦이다. 고객과의 관계, 동료와의 관계, 오너와의 관계까지 다양한 관계에서 받는 스트레스가 있다. 대부분 스트레스는 말을 통한다. 보이지 않는 칼을 차고 미친 듯이 돌진하는 말은 무서운 존재다. 악플에 시달려 목숨을 끊는 연예인을 생각하면, 말이라는 게 얼마나 무서운지 느껴진다.

한때 오너와의 문제로 인해 일하기 힘든 날의 연속이었다. 하루는 대화하던 중 오너는 나의 이혼을 '치부'라 표현하였다. 여자 오너였고, 그녀 또한 내가 이혼한 사실을 쉬쉬할 뿐 이미 알 사람은 다 아는 상황이었다. 그런데 그 표현 하나가 퇴사로 이어지게 됐다. 치부란 게 '남에게 드러내고 싶지 않은 부끄러운 부분'이라는 의미 아닌가. 당사자에게 그 말은 수치를 안겨줄 뿐이었다. 그 말을 듣는 순간 더는 대화할 수 없었다. 인간으로서 마주하고 싶은 마음이 싹 사라졌다. 이제는 대화할 가치조차 없다고 느껴지니 이야기할 필요도 없어졌다.

한 번은 나보다 나이가 열 살이나 어린 원장을 모신 적이 있다. 내 직함은 부원장이었다. 원장이 모시던 원장이 있었는데, 그 회사의 직계 가족이었다. 나이 어린 원장과 나는 약간의 말썽이 있었는데, 그때마다 직계 가족 원장에게 이야기가 다 흘러간 모양이다. 하루는 매장에 와서 나와 원장을 불러 앉혔다. 매장 안쪽 고객 대기석이었는데, 한쪽 다리를 꼬고 앉아 나를 정면으로 보지 않은 채 툭 던졌다.

"아이를 혼자 키우신 지가 얼마나 되셨지예?"

나는 순간, '이 이야기가 지금 왜 필요하지?' 생각되었다. 일하는 매장에서 개인적인 이야기를 묻는 의도가 무엇인지, 무슨 말을 하고 싶은지 의아했다. 어이가 없었지만, 관계를 악화시킬 수는 없었다. 어쩔 수 없이 꾸역꾸역 대답이란 걸 했다. 불편한 대화가 이어졌다. 그런데 나를 더욱 놀라게 한 말이 있다.

"부모님 재산이 쪼메 있으신가예?"

마치 쓰레기통하고 이야기하는 듯했다.

굳이 이런 사건을 기록한 이유가 있다. 이런 일들이 잊힐 즈음, 다시 한번 나를 채찍질하는 이야기로, 나 자신과 타협하고 싶을 때 나를 다시 다잡아주는 사건으로 기억하려 한다. 기억하기 싫은 사건이지만, 그럼에도 나를 더욱 성장하게 하는 사건으로 바꾸어 남기고자 한다.

그리고 자녀들에게 엄마가 살아온 길을 알려주고 싶다. 내 삶의 경험을 아이들과 공유하여 그들도 장성하여 나와 같이 이겨나가길 진심으로 응원하고 싶다. 엄마로서 먼저 강인하고 유연하게 살아가는 모습을 보여주고 싶다. 그 후엔 아이들이 살아갈 길을 묵묵히 지켜봐 주고 싶다. 한결같은 마음으로, 행동으로, 습관으로 살아간다면 10년 후에 성장한 나를 만날 것이다.

사연 없는 사람은 없다. 하지만 기억에서 잊힌다. 그리고 또다시 같은 날들을 살아간다. 순간의 모멸감, 수치심, 분노가 있었지만, 새까맣게 잊어버린다. 물론 어느 정도 망각하는 것이 우리 마음을 편하게 만든다. 하지만 그런 순간이 반복될 때 분노하지 않고, 변화하지 않는다면 문제가 된다. 지금도 나는 내 자리에서 치열하게 분투하는 중이다. 인내하며 정진하고자 발버둥 치고 있다. 나와 함께 일하는 동료들에게도 항상 이야기하곤 한다. 남이 나를 공격하지 못

하도록 갑옷을 입어야 한다. 그 갑옷은 실력으로 증명해 보여야 하며 그 갑옷을 갖기 위해 매일 실력을 쌓아가야 한다. 그렇지 않으면 힘 있는 사람이 나를 때리고 무시하고 칼로 찔러도 웃어야 한다. 그렇게 살고 싶으냐고 물어본다. 단 한 명도 그렇게 살기를 원하지 않는다고 답한다. 하지만 변화하지 않는 모습을 볼 때면 안타깝기 그지없다.

내 삶을 온전히 살아가기 힘든 세상이다. 우리는 타인에게 너무 관심이 많은 나라에 살고 있다. 서로가 격려하기보다 헐뜯고 미워하고 시기하고 질투해야 자기가 살아남는다고 생각하는 타인과 함께 산다. 이러한 세상에서 살아남으려면 나를 사랑하며 스스로 다독이면서 나를 성장시켜야 한다. 누가 나를 키워주지 않는다. 스스로 물주고, 스스로 햇빛 받고, 무럭무럭 자라야 한다. 성장의 속도에는 차이가 있지만, 조금이라도 성장해야 한다. 더뎌도 성장하기만 한다면 이기는 삶이다. 매년 작년보다 더 나은 삶이라고 평가한다면 성공한 삶이다.

나는 그런 존재로 살아가기 간절히 소망한다. 뿌리 깊은 존재가 되어, 아이들에게 든든한 버팀목이 되어 흔들림 없이 키우고 싶다. 뿌리 깊은 나무가 중심이 되어 주변 사람들을 행복하게 하듯 나도 우리도 행복한 삶을 살아가면 좋겠다. 마치 올림픽 공원의 은행나무처럼.

×

인생의 두 번째 학교에
입학하라

어렸을 때 부모님은 단추 공장을 운영하셨다. 각종 의류에 단
추 구멍을 뚫고 단추를 달고 단추 구멍을 마무리하는 작업이 이루
어지는 공장이다. 아침부터 밤늦게까지 물량이 많았기에 나이 어린
우리를 돌봐줄 사람이 필요했다. 그래서 나는 7살부터 11살까지 할
머니 손에 자랐다. 학교에 입학하기 전에는 공장이 위험하다며 데
리고 가지 않으셨고, 일주일에 한 번씩 부모님께서 할머니 댁으로
오셨다. 나와 동생은 내가 좋아하는 빵과 동생이 좋아하는 치킨을
사 들고 오시는 날만을 손꼽아 기다렸다. 할머니 댁 거실 그루터기
에 앉아 동생과 현관문만 바라보았던 기억이 새록새록 하다. 초등
학교에 들어가면서부터는 한 번씩 부모님 공장에 데리고 다니셨다.
나와 연년생인 여동생은 주말이면 부모님의 공장을 놀이터 삼아
옷을 정리하며 놀았다. 그때부터였던 것 같다. 옷과의 인연이 시작

된 시점이다.

용돈이 생기는 날이면 옷을 사러 이곳저곳을 다니는 것을 즐거워했다. 그렇다고 돈을 계획 없이 쓰진 않았다. 내가 가지고 있는 옷들과 잘 조합되는 옷들을 갖추기 위해 먼저 옷을 정리하고, 그 후에 옷을 구매하러 나간다.

옷이 너무 좋아 의상학과에 입학했고 의상학을 전공하면서도 즐거웠다. 전공을 살려 시작한 의류사업 또한 힘들지 않았다. 매일 새로운 옷을 만날 때마다 가슴이 설레곤 하였다. 지금도 쇼핑할 때는 피곤하지 않다. 오히려 눈이 번쩍 뜨인다. 나의 의류 사랑은 오랫동안 이어졌고, 의류사업 또한 잘 되었다. 변수가 늘 존재한다는 것을 까마득히 잊고 살 정도였다. 의류사업이 계속 잘 되리라 생각했다. 그러나 너무도 큰 착각이었다. 시대가 흐르고 있었고 변화하고 있었다. 하지만 그 변화에 발맞추지 못했다. 시대 흐름을 읽지 못한 것이다.

현대인의 바쁜 삶, 컴퓨터 통신망의 확대, 가구당 한 대 이상의 컴퓨터가 보급되면서 점점 온라인으로 의류사업이 확장되어 갔지만 먼 산 보듯 구경만 하였고, 시대적 흐름에 맞게 변화해야 한다는 인식조차 없었다. 뒤늦게 의류사업과 온라인쇼핑몰을 병행할 수 있을까 싶어 웹 디자인을 배웠으나 현실적으로 사업하면서 배우기란 힘든 수준이었다. 이미 격차가 많이 벌어져서 자본금이 많이 들어가 야 유지가 되었다. 병행을 포기하고 각자의 위치에서 일하였다. 의 류사업은 남편이 맡아서 하고 나는 웹 디자인 관련 직장을 구했다.

그렇게 각자의 자리에서 일하며 경력을 쌓을 즈음 선택의 갈림 길에 섰다. 더 경력을 쌓기 위해선 디자인뿐 아니라 프로그램도 다 룰 수 있는 능력이 필요했다. 해외에서는 디자인과 프로그램이 철 저히 분업화되어 있지만, 영세한 업장이나 업주들은 두 명의 인건 비가 부담스럽기 때문에 다양한 능력을 요구하는 경우가 많다.

매일 컴퓨터와 대화하는 것에 싫증을 느끼고 있었다. 시간이 지 날수록 컴퓨터와 대화하고 싶은 마음이 들지 않았다. 일이 익숙해 지면 불안감이 몰려온다. 익숙해지면 안주하는 삶을 살까 봐 강박 증이 있다. 불안감이 찾아오면 또 다른 무언가를 배우기 위해 고민 하였다. 내가 진심으로 좋아했던 의류업을 평생 할 수 있으리라 생 각했지만, 그럴 수 없는 현실에 쓴맛을 보고 나니 무언가 배우지 않 으면 도태되는 삶으로 이어질 가능성이 커진다는 걸 알게 됐다. 무 엇을 할지 몰라 방황할 때가 찾아오기도 한다. 그럴 땐 책이라도 붙 잡고 본다. 책 읽는 습관은 그렇게 나의 불안에서 만들어졌다.

무엇을 할 수 있을까? 무엇을 잘할 수 있을까? 무엇을 하면 재 미있게 할 수 있을까? 의류사업이 힘들어질 때 매일 고민한 끝에 얻은 답이 웹디자이너였다. 웹 디자이너일 때 같은 질문을 매일 물으면서 얻은 답은 헤어 디자이너였다. 지금 내가 있는 곳에서 성장하기 위해 매일 나에게 물어보고 답했다. 틈만 나면 질문에 최선의 답을 찾고자 노력하였다. 틈만 나면 후회 없는 선택을 하기 위해 노력하였다.

4차 산업혁명이 찾아왔고 점점 속도가 빨라지고 있는 시대다. 아마존고에서 무인시스템이 도입되면서 많은 논란이 되었다. 미국 노동 통계청에 따르면 소매 유통업의 판매사원과 계산원은 미국에서 가장 많은 이들이 일하고 있는 직업이다. 그런데 이 직업의 종사자들이 대부분 최저 시급을 받는 비숙련 노동력이라는 측면에서, 이러한 직업이 사라진다는 것은 심각한 사회문제가 될 수밖에 없다.

멀리 갈필요 없이 나는 무슨 일을 해야 할지 고민했다. 무슨 일이 나와 교환되지 않을까? 나의 가치가 그 무엇으로도 교환 불가할까? 사람만이 할 수 있는 일, 나를 대체할 수 없는 일을 찾아야 했다. 관심이 있고 전공을 살리는 직업과 연관된 일이 무엇이 있을까 좁혀 보기 시작했다.

노트를 꺼내 놓고 내가 하고 싶은 일, 내가 잘하는 일, 내가 해온 일들을 나열했다. 교집합 영역을 찾아서 간추려 보았다. 네일아트, 피부 관리사, 헤어 디자이너로 압축되었다. 그중에 무엇으로 해야 할지 고민에 고민을 거듭하였다. 네일아트와 피부 관리사는 여자로 범위가 줄어들었다. 여자라고 해서 다 하는 것도 아니니 범위는 더 줄어들었다. 지역 편차 또한 컸다. 그중 네일은 앉아서 하는 동작이어서 싫었다. 웹 디자인을 할 때도 온종일 책상에 앉아 일하니 허리에 무리가 많이 갔다. 움직임이 적어 네일은 패스했다. 피부 관리사 또한 지역마다 편차가 컸다.

남녀노소가 다 하는 직업군이 헤어 디자이너였기에 과감히 선택했다. 그리고 질문에 답을 얻자마자 바로 학원으로 달려갔다. 정말 당장 움직였다. 학원을 등록하고 그때부터 고 3과 같은 수험생 생활이 시작되었다. 아침에 일어나서 밥 차려서 아이들 보내고 출근하고 퇴근해서 학원가고 집에 와서 살림 뒷정리까지가 나의 일과였다. '내가 이걸 왜 시작했을까?' 하고 나를 탓하는 일이 하루 이틀이 아니었다. 체력적으로 너무 힘들어서 포기하고 싶은 날이 자주 찾아왔다. 그럴 때마다 나는 스스로 관대히 받아주지 않으려고 노력했다. 내가 스스로 타협하는 순간 모든 것은 얻을 수 없다. 그렇게 살림과 직장과 학원을 병행하며 6개월 만에 자격증을 취득했다.

내가 원하는 자격증을 얻었기에 모든 것을 다 얻은 것 같은 느낌도 순간이었다. 그러나 기쁨을 느낄 새도 없이 또 다른 질문이 문을 두드렸다. '웹디자이너로서 안정적으로 근무하면서 나중에 헤어 디자이너로 갈 것인가?' '기약 없는 미래에 이직할 수 있을까?' '나이가 적지 않기 때문에 지금 도전해야 할까?'

매일 출근하면서 퇴근하면서 틈만 나면 질문에 답을 찾곤 했다.

30대 초반이었기에 더 늦으면 도전할 용기조차 나지 않을 것 같았다. 나중에 후회하고 싶지 않았다. 적성에 맞고 맞지 않는 것보다 도전하지 않은 것에 후회할 것 같았다. 결국, 과감히 사표를 내고 헤어 디자이너가 되기 위해 어시스트로 일을 시작하였다.

《사람은 무엇으로 성장하는가!》의 존 맥스웰은 다음과 같은 질문을 던진다.

"내가 하고 싶은 일과 잘하는 일의 차이를 아는가?"

"내가 의욕을 보이는 일과 보람을 느끼는 일이 무엇인지 아는가?"

"내 가치관과 우선순위 그리고 내가 속한 조직의 가치관과 우선순위를 아는가?"

어시스트가 되기 전엔 이 물음에 전혀 답을 찾을 수 없었다. 경험이 없었기에 찾지 못하는 것이 당연할지도 모른다. 하지만 하나는 확실했다. 다시 돌아갈 길은 없다는 사실이다. 회사에 사표를 내고 나오는 순간, 헤어 디자이너로 걷기 시작한 시점부터는 다시 그 길로 돌아갈 수 없었기에 간절했다.

간절한 나의 마음은 아무도 알아주지 않았다. 월급을 받는 만큼 일만 잘하면 그뿐이다. 1년쯤 어시스트 생활을 하면서 발전이 없어 보이는 곳에 더는 있을 수 없었다. 나름의 방법을 찾아 배우는 데 더욱 정진하였고 디자이너로 성장했다. 남보다 몇 배 빠른 성장 속도였다. 급여 또한 남들보다 빠르게 치고 올라갔다. 내가 잘나서라고 이야기하는 것이 아니다. 늦게 시작한 내가 더 빨리 성장한 이유는 단 하나, 간절함이다.

디자이너로 승급하고, 승급한 후에도 나의 자리를 확보하기에 바빴기에 내 정석에 맞는지 내가 진짜 하고 싶은 일인지 생각할 겨를도 없었다. 그냥 앞만 보고 달려왔다. 하지만 지금은 안다. 이 일을 하려고 다른 직업군을 돌며 경력을 쌓아 돌아왔음을….

《배움을 돈으로 바꾸는 기술》에서 다음과 같이 이야기한다.
"제가 치과의사를 천직이라 생각하게 된 건 치과의사가 되고 난 이후의 일입니다…. 다른 사람에게 봉사할 수 있는 의료 세계에 점점 더 빠져들었고, 어느덧 치과의사를 천직이라고 생각하게 되었습니다. 이런 경험에서 천직은 누군가에게 선물처럼 주어지는 것이 아니라, 스스로 만들어나가는 것으로 생각합니다. 지금 하는 일을 천직으로 키워나가면 되는 것입니다."

나 또한 헤어 디자이너가 된 이후에 헤어 디자이너가 천직이라고 생각하게 되었다. 많은 사람을 만나고 그 사람을 통해서 나와 고객 모두 치유 받을 수 있는 공간으로 맞이했다. 시간이 지날수록 나를 찾아 주시는 고객이 늘어갔다. 그렇게 지금 내가 하는 일을 천직으로 키워나갔고 지금도 키워나가고 있다. 고객들은 나를 만나면서 부럽다고들 한다. 일하는 것이 즐거워 보인다는 이유다. 많은 사람이 그렇게 살지 못한다는 방증이기도 하다.

시대가 변하는 데 눈을 떠야 한다. 변화에 발맞출 수 있는 배움을 찾아야 한다. 이제는 창조란 없다고 이야기한다. 있는 것들을 재조합하는 것뿐이다. 내가 지금 가지고 있는 것에 어떤 배움을 더해 새로운 것을 만들 것인지 고민하여야 한다. 반복적으로 묻고 답을 찾아야 한다. 배움 속에서만 답을 찾을 수 있다.

I AM 김은정

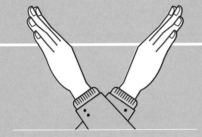

그냥 나답게,
나를 지키며
살아도 괜찮아

그녀는 어린 나이에 SK 해운회사에서 사회생활을 시작했다. 이른 사회생활 속에 치열하게 살아가던 중, 한낱 부속품처럼 살아내는 인생에 회의를 느껴 진로를 급선회했고, 그렇게 진학한 대학에서 '관광경영학'을 전공했다.

대학 졸업 이후, 서울 강남구 삼성동 소재의 유수의 호텔에서 꽤 오랜 세월을 호텔리어로 근무했다. 그녀는 호텔의 구석구석을 경험하며 경력을 쌓아, 여직원들에게는 진정한 워킹맘의 롤모델로서, 더 크게는 차세대 호텔 리더로 급부상했다. 하지만 워킹맘이란 이름으로 살아가던 자신의 모습 속에 아이들이 커나가는 모습을 보지 못한다는 것에 대해 깊은 회의를 느끼게 된다. '엄마'라는 이름으로 새로운 도전을 하고 싶었던 그녀는, 돌연 잘 나가던 회사를 그만두고 본격적으로 엄마의 삶을 시작하였다.

'어쩌다 엄마'가 된 그녀이지만, 두 아이와 함께 자라고 성장하면서 '진정한 세상은 지구가 아닌 우주에 있다'라는 생각을 하게 되었고, '아이가 우주'라는 생각으로 아이라는 우주를 탐험하는 멋진 엄마가 되었다고 자신 있게 말한다.

또 다른 도전, 작가이자 대한민국 최초의 '워킹맘디렉터'로 재탄생하여 제2의 인생을 사는 그녀는, 아이와 함께 마음껏 뛰어놀면서도 하고 싶은 일들엔 거침없이 도전하며 살아가는 것을 목표로, 하루하루를 감사하며 행복을 누리고 있다.

✻ BLOG https://blog.naver.com/camsoda
✻ EMAIL camsoda@daum.net

본능적으로
느껴졌어

"벼랑 끝에 몰린 듯한 위기야말로 내게는 늘 더할 나위 없는 순풍이다."

이기는 운을 만드는 고수의 생각법으로 유명한 사쿠라이 쇼이치의 《운을 지배하다》란 책에서 내가 제일 좋아하는 문구다.

엄마는 고3 때 할아버지 사업이 망해버리는 바람에 가정형편이 갑작스럽게 어려워졌고, 할머니는 그 충격에 출가해 스님이 되셨다고 한다. 갑자기 불어닥친 변화에 엄마는 대학에 가지 못했고, 그 충격으로 입이 돌아가서 오랫동안 한의원을 돌아다니며 침을 맞아야 했다. 당시 친구들은 다들 대학 생활을 만끽하고 있었는데, 엄마는 상대적 박탈감에 좌절했다. 그러다 홧김에 부자한테 시집가서 인생을 바꿔보자는 잘못된 판단을 하게 되었고, 스무 살의 어린 나이에 한 남자를 만나 날 낳았다고 한다.

그런데 결혼해 보니 남편은 아이까지 있는 유부남이었다. 한마디로 사기 결혼을 당한 것이다. 부자를 만나 인생을 바꿔보자는 엄마의 꿈은 산산조각이 나버렸을 뿐만 아니라 오히려 다른 사람의 아이까지 맡게 되었다. 잘못된 판단이 부른 처참한 결과였다. 거기다 아빠는 다섯 형제의 장남이었기 때문에 시부모님을 모시고 살아야 했고, 각종 집안 행사와 제사까지 도맡아야 했다. 그렇게 잘못 시작된 결혼생활 10년 동안 엄마는 거의 매일 아팠고 급기야 서른에 자궁암에 걸렸다. 엄마는 10년 만에 비극적인 결혼생활을 끝내고, 난 동생과 함께 엄마에게, 그리고 언니는 아빠와 함께 떨어져 살게 되었다. 생각만 해도 끔찍한 시간이었다.

어린 시절을 생각하면 떠오르는 장면이 있다. 어두컴컴한 밤에 동네 어귀를 돌고 있는데 어느 집 부엌에서 들리는 사람들의 웃음소리, 구수한 된장국 냄새, 아이가 연주하는 것 같은 피아노 소리, 그리고 밖에서 걸음을 멈추고 서서 듣고 있는 나의 모습이다. 그 평화로운 가정의 한 단편이 내겐 이룰 수 없는 꿈이었고 미치도록 부러운 가정환경이었다. 엄마에게 원망의 말 한마디 할 수 없었고 투정 한 번 부릴 수 없었다. 그러기엔 엄마가 너무 힘든 시간을 보내고 있었기 때문이었다.

내 어린 시절은 그 누구도 나에게 뭘 요구하거나 강요한 적 없이 모든 걸 스스로 해야 했다. 그 흔한 엄마의 잔소리 한 번 들은 기억이 없다. 엄마는 생사의 고통 속에 있었기에 나의 생사만 겨우 확인했을 뿐이었다. 난 때로 친척 집에서, 때로는 엄마가 고용한 도우미 아줌마와 생활했다. 그 덕(?)에 난 모든 걸 내 마음대로 할 수 있었다.

자존심이 강하고 고집불통 아이였던 나는 어릴 적부터 그 누구의 말도 듣지 않았다. 초등학교 고학년이 되고 사춘기에 접어들면서 나의 고집은 절정에 다다랐다. 어차피 그 누구도 내게 해준 것 없으니 여태껏 살아왔듯 내가 알아서 생각하고 판단하는 것이 맞는다고 믿었다.

다행히 자존심이 강해 남들이 아빠도 없어 공부 못 한다는 말은 죽도록 듣고 싶지 않았다. 아빠 없어도 예의 바르고, 공부도 잘하고, 예쁘게 보이고 싶었다. 그리고 남들에게 그렇게 보이도록 애쓰고 노력했다. 한 번은 친구 집에서 밤새우며 시험공부를 하고 있을 때였는데 친구 부모님이 새벽에 공부하는 방을 들여다보니 다른 친구들은 잠들거나 졸고 있는데 나만 독하게 공부하고 있었다고 칭찬을 들은 적이 있었다. 그 이후, 난 같은 칭찬을 듣기 위해 미친 듯이 잠을 이겨내야 했다.

중학교 3학년 어느 봄날이었던 것 같다. 전학 갈 때도 학교에 오지 못하던 엄마가 학교에 찾아왔다. 이유는 내가 상업계 고등학교에 가겠다고 선포했기 때문이었다. 선생님과 상담하면서 내 마음을 돌리기 위해 방문한 것이다. 그러나 결국, 선생님도 엄마도 결국 내 마음을 바꾸지 못했다. 교무실을 나오면서 엄마는 저주하듯 내게 말했다.

"너 분명 오늘의 선택을 후회하게 될 거야!"

엄마의 저주는 먹혔다. 그것도 고등학교에 입학하자마자. 상업계 고등학교의 과목이 나랑 맞지 않았을뿐더러 중학교 때 공부 좀 한다는 소리를 듣던 아이들이 모인 곳에서 나의 진짜 수준을 알게 되었다. 난 이제 공부 잘하는 아이가 아니었다. 날 더욱 좌절시킨 건 노력해도 전혀 나아지지 않았다는 점이다.

1학년 말 즈음 되자 난 스스로 내 수준을 인정할 수밖에 없었다. 엎친 데 덮친 격으로 방송반 활동까지 하게 되면서 고등학교 생활은 피폐해지기만 했다. 방송반 선생님들의 잔심부름 및 선배들의 군기를 버텨내야 했기 때문이다. 자존감이 바닥으로 떨어진 난 그 어느 때보다도 더 까칠하고 날카로워 있었다. 그렇게 시간은 흘러갔고, 3학년이 되자 봄부터 아이들은 하나둘씩 성적순대로 회사로 취직이 되어갔다. 마치 좋은 상품들이 시장에서 먼저 팔려나가듯.

난 가을의 끝자락 즈음 취직되었다. 나의 첫 직장, 지금의 광화문에 있는 파이낸스 빌딩 옆 건물이었는데 1년 동안 그곳에서 나의 행복한 첫 사회생활이 시작되었다. 인간적인 상사와 부서 사람들이 진정으로 나를 아껴주고 동생처럼 챙겨주셨다. 주말에도 나가서 일해야 하는 날이 많았지만, 그것조차 행복할 정도로 많은 사랑을 받으며 첫 직장생활을 하고 있었다.

그런데 시간이 갈수록 대학에 대한 열망이 생기기 시작했다. 한번 꽂히면 하고야 마는 내 성격은 그 모든 행복을 한순간에 뿌리치고 불행을 자처하게 되었다. 그 당시 고등학교 동창이 다니고 있는 회사가 있었는데 그 친구가 자기네 회사는 대학에 갈 수 있도록 많은 지원을 해준다는 이야기를 들었다. 게다가 월급도 지금의 회사보다 조금 더 많았다. 나는 뒤도 돌아보지 않고 사직서를 냈다. 그리고 나의 성급한 판단은 그 대가를 치르게 했다.

이직한 회사는 모 기업의 해운회사였다. 해운회사에 대한 이해가 부족했던 나는 영업부로 발령 나면서 해운회사의 날 것, 그 자체의 참모습을 경험하게 되었다. 전쟁터가 따로 없었다. 각자 맡은 나라에 따라 다른 언어로 동시에 통화하는 데 점심시간이 채 지나기 전에 그 소음 때문에 머리가 지끈거렸다. 직원들은 시차 때문에 출퇴근 시간이 일정하지 않았고 연일 되풀이되는 야근과 회식으로 스트레스와 피로에 찌든 모습이었다. 눈은 붉게 충혈되어 있었고 구겨진 와이셔츠에 넥타이는 거의 풀고 다녔다.

아침에 출근하면 발 디딜 틈 없이 팩스실 바닥을 가득 채운 종이가 있었고, 직원들 책상 위에 너저분하게 올려져 있는 먹다 남은 자판기 커피 컵들이 나를 기다리고 있었다. 쌓인 피로와 스트레스로 서로가 예민하고 까칠했다.

그들에게 고졸 여사원은 잔심부름꾼 대상일 뿐이었다. 그들의 일을 잘할 수 있도록 지원해주고 허드렛일을 해주는 것이 대부분 우리가 해야 하는 일이었다. 영업부 직원들의 문서작성을 도와주었는데, 그들이 그 내용으로 발표할 때마다 부당함을 느꼈다. 보람은 커녕 큰 상실감을 맛봐야만 했다. 내가 그토록 힘들게 하는 일의 결과물은 그림자조차 찾을 수 없었을뿐더러 내 시간과 노력의 대가를 빼앗기고 있다고 느껴졌다. 그들의 실적이 되었고 그들이 탈취한 결과일 뿐이었다.

시간이 흐를수록 더더욱 대학에 대한 갈망이 몇 곱절은 더 깊어졌다. 반드시, 무슨 일이 있어도 난 대학에 들어가야 했다. 이런 부속품 같은 생활은 절대로 오래 견디지 못할 것이라는 걸 알고 있었기 때문이다. 이런 환경 덕분에 난 이를 갈고 힘든 것도 잊은 채 점심도 걸러가면서 입시 공부에 매진할 수 있었다. 대학 입학만이 유일한 탈출구였다. 더는 뒤로 물러설 자리가 없었다. 앞으로 가는 일밖에는 없었다.

결국, 그해 겨울, 대학에 합격했고 그다음 해 봄에 난 뒤도 돌아보지 않고 퇴사했다. 필유곡절(必有曲折)이란 말이 있다. "세상의 모든 것에는 다 이유가 있다"라는 뜻이다. 스무 살밖에 되지 않았던 나를 혹독하게 훈련했던 회사에서의 시간은 내게 다가올 미래를 대비시키기 위한 시간이었음을 그때는 알지 못했다. 지금 겪고 있는 어려움이나 고난의 시간은 다가올 미래를 준비하는 가장 강력한 나의 무기이자 경쟁력이 된다는 것을.

이는 마치 고된 운동을 일정 기간 규칙적으로 해야만 단단한 근육질의 몸매를 가질 수 있는 것과 흡사하다. 고된 시간 속에서 얻어진 근육들은 앞으로 펼쳐질 미래에 있을 크고 작은 어려움을 가볍게 넘겨줄 기초체력이 되어 준다.

인생에서 허튼 시간은 없다. 내 인생에 일어나는 모든 일에는 분명 그만한 이유가 있다. 중요한 건 고통스러운 상황을 겪을 때 회피하기보다는 그 고통 속에서 배우고자 노력하는 것이다. 내게 일어난 나쁜 일이나 어려움 속에서 '희망의 씨앗'을 찾을 수 있는 긍정의 힘만 지니고 있다면 그 안에 배움의 기회가 있고 성장의 원동력이 함께 존재한다는 것을 깨닫게 된다.

사토 미쓰로의 《하느님과의 수다》에서 이렇게 말한다.

"눈앞의 사건을 나쁜 일로 판단하지 않는 습관이 붙기 시작하면 일어나는 모든 일의 타이밍은 완벽하다는 사실을 깨닫게 된다."

×

결국, 모든 순간이
'나'였다

"너무 슬퍼하지 마! 이 세상에서 가장 아름답고 위대한 선물을
마지막으로 네게 줄 테니 말이야. 이건 널 진정한 강자로 만들어
주고, 행복한 삶을 살 수 있게 해줄 거야."

"네? 그게 정말인가요? 주실 선물이 또 있어요? 와! 기대돼요.
기대돼! 도대체 세상에서 가장 위대한 선물이란 뭔가요?"

천사는 선물을 잔뜩 기대하며 기뻐하는 천범을 보고 방긋 웃으
며 말했다.

"천범아! 사실 말이야. 난 진짜 천사가 아니란다. 진짜 천사는
바로… 너 자신이야! 앞으로 널 도와주고 보호해줄 천사는 바로 너
야! 이 말이 내가 네게 주는 가장 위대한 선물이란다."

"실패와 좌절을 겪을 때 '수호천사가 와서 날 도와주겠지?'라는
희망은 버려야 해. 난 더는 널 도와줄 수가 없단다. 이젠 너 자신을

의지하고 스스로 격려하며 자신감 있게 살아야 해! 그러면 넌 세상에서 가장 강한 동물이 되고 크게 성공할 거야. 왜냐하면… 너의 수호천사는 바로 너 자신이니깐!"

– 천천, 쉬지엔의 《결단》 중에서

　　운명적으로 난 누구의 조언이나 도움을 받으며 자랄 수 있는 아이가 아니었다. 태어나고 보니 난 모든 걸 스스로 생각하고 결정하고 책임져야 하는 인생이었다. 나의 환경은 내가 선택할 수 있는 것이 아니기에 어쩔 수 없었다. 학교 진학 문제, 입사 문제, 결혼 문제, 퇴직 문제 등 인생에 있어서 조언자가 필요했을 법한 커다란 선택을 해야 할 때마다 난 스스로 결정해야만 했다. 당연히 잘못된 선택에 대한 책임도 응당 내가 져야 했다. 그런데 그래야 했기에 난 잘못된 선택마저도 제일 나은 선택이 될 수 있도록 노력할 수 있었다. 누구의 강요나 선택이 아니었기에 나의 선택이 틀리지 않았음을 증명해 보여야 했기 때문이다.

　　주위를 둘러봐도 믿고 의지할 수 있는 사람은 나뿐이었다. 물론 나를 믿어주고 사랑해주는 엄마는 늘 계셨다. 상업계 고등학교를 진학했을 때 반대했던 것을 빼고는 단 한 번도 내 생각에 다른 의견을 내신 적이 없었다. 엄마의 조건 없는 사랑과 믿음, 그리고 한없는 지지는 늘 나에게 큰 힘이 되어 주었다. 내가 어떤 선택을 하든 무엇을 하든 엄마는 항상 지켜만 볼 뿐 "네가 알아서 잘하겠지"

라고 말씀하셨다. 그랬기에 난 성장하면서부터 쭉 내 생각과 주장대로 인생을 살 수 있었다.

'나 그 차제'라고 생각했던 15년간의 호텔리어 생활이었지만, 육아를 위해 그만두었을 때도 나를 아는 모든 이들은 다른 이유도 아닌 육아 때문에 내가 회사를 그만둘 것이라는 생각은 상상조차 하지 못했다. 육아에 '육' 자도 모르던 내가 일이고 뭐고 다 그만두고 아이를 돌본다고 했을 때 모든 사람이 내게 어울리지 않는다며 곧 두 손 두 발 다 들고 회사로 돌아올 것이라고 장담했다.

하지만 아이를 잘 키우겠다고 장담하면서 결국 난 뒤도 돌아보지 않고 그 모든 것을 내려놓았다. 그리고 나는 늘 그랬듯이 나 자신을 믿었다. 내 선택이 옳았건 그릇된 것이었던 간에 그건 중요하지 않았다. 왜냐하면 난 어떠한 선택도 옳은 선택으로 만들 힘이 내 안에 있다고 믿었기 때문이다.

준비되지 않은 채 어쩌다 엄마가 된 나였다. 그런 내가 어느 날 갑자기 육아와 살림을 한다고 앉아 있으니 집에서는 정말이지 제대로 할 수 있는 일이 하나도 없었다. 게다가 나의 성향과 성격은 이미 '엄마'라는 역할이 아닌 직장에서 '매니저'의 역할에 맞게 세팅되어 있어 쉽게 고쳐지지 않았다. 엄마라는 역할에 치명이기까지 했다. 내가 일할 때 장점이라고 여겨졌던 그 모든 기술은 육아와 살림에 전혀 도움이 되지 않는 것들뿐이었다. 빠른 판단력은 아이에 대해 선입견을 품게 하거나 오판하게 했고, 빠른 실행력은 아이를 다그치게 하였으며, 날카로운 안목은 아이의 단점만을 빠르게 찾아내 비난하게 했다. 급한 성격 덕에 빠른 실행력으로 남들보다 높은 성과를 만들어 주었던 장점은 아이를 바라봐 주고 기다려줘야 하는 엄마라는 역할에는 당장 고쳐야 할 1순위 단점이었다.

그러다 보니 아이를 위해 그만두고 집에 있는 엄마가 오히려 아이를 힘들게 하고, 아프게 하고 있었다. 엄마인 나 역시 자존심 강하고 자신감 넘치던 나는 사라지고 육아도 살림도 요리도 할 줄 아는 것 하나 없는 무기력하고 무능력한 여자일 뿐이었다. 자신감은 온데간데없이 사라진 지 오래고 자존감은 바닥을 기고 있었다. 그렇게 나는 직장인 엄마도 아닌 전업주부도 아닌 채 어딘지 모를 망망대해에서 허우적거리다 잔뜩 물먹어 까무러치기 일보 직전에 있었다.

다시 예전의 나를 찾고 싶었다. 나를 당당하게 만들 수 있는 것, 나를 자신감 넘치게 만들 수 있는 것, 내가 살아있다는 것을 느낄 수 있는 것, 나의 존재감과 가치를 깨달을 수 있는 그 무엇인가를 찾아 헤맸다. 방과 후 교사 자격증을 따기도 하고, 부동산 공부도 하고, 중국어 공부도 했다. 예전에 따놓은 TESOL 자격증으로 영어유치원에 취직해보려 면접도 보러 다녔다.

그러던 어느 날, 큰아이의 친구 엄마에게 카톡이 왔다. 동네 조

그만 도서관 카페에서 은퇴 설계 관련 강의를 한다는 내용이었다. 원래 강의나 강연 듣는 것을 좋아하던 나는 곧바로 가겠다고 답변 했다. 그리고 그녀의 강의를 통해 내 안의 잠자고 있던 작은 용 한 마리가 다시 꿈틀거리는 것을 느꼈다. 나와 비슷한 처지에 있던 그녀 역시, 직장을 다니다가 아이가 7살 때 퇴직한 후, 제2의 인생을 위해 부단히 노력한 끝에 책도 내고, 여러 가지 관련 자격증도 따면서 그녀의 콘텐츠를 바탕으로 강의를 이제 막 시작하고 있었다. 그녀와 비슷한 처지의 내가 못 할 이유가 없었다. 그녀의 모습은 나에게 자극이 되었다. 그래서 당신처럼 강의하려면 내가 무엇부터 하면 되냐고 물었다. 그녀는 나에게 책을 쓰라고 권했다. 하나의 콘텐츠를 가지고 책을 내고 그 콘텐츠를 바탕으로 강의를 시작하면 된다고 조언해 주었다.

그날부터 나는 조금씩 살아 움직이기 시작했고 무엇부터 시작해야 할지 모르던 나는 무작정 책을 읽기 시작했다. 책을 통해 나는 점점 예전의 모습을 찾기 시작했다. 책에는 나를 살리는 마법 주문과도 같은 글들이 많았다.

'행복을 그리는 철학자' 앤드류 매튜스는 "당신은 다만 당신이라는 이유만으로 사랑과 존중을 받을 자격이 있다"라고 말하며 '나를 있는 그대로 인정'하라고, '지금 그대로의 모습이 꽤 괜찮다고' 위안을 주었다.

웨이슈잉의 《하버드 새벽 4시 반》에서는 이렇게 말한다.

"보통 사람들이 성공하지 못하는 이유는 능력이나 기회가 부족해서가 아니라 그런 새로운 길을 걷기에 자신이 모자란다고 생각하기 때문이다. (중략) 꿈을 꾸고 있는가? 해보고 싶은 일이며, 잘할 수 있을 것 같은가? 그럼 그렇게 꿈꾸는 목표를 당신이 이룰 수 있다고 믿어라. 그러면 자신감 있는 태도를 보이게 되고, 이것이 앞으로 나아갈 동력이 되어줄 것이다."

그가 만나온 성공한 사람들에게서 한 가지 공통점을 발견할 수 있었는데, 그것은 바로 언제 어디서나 당당하고 변치 않는 자신감을 가지고 있었다는 것이다. 스스로에 대한 믿음은 삶을 지탱하는 기둥과도 같다. 그래서 우리의 미래와 운명을 긍정적으로 바꾸어 놓을 강한 힘을 가지고 있다. 이렇게 책은 나에 대한 불신을 걷어버리고, 나를 믿을 힘을 주고, 다시금 나에게 강한 자신감을 불어넣어 주었다.

변화무쌍한 환경 속에서 갈대처럼 위태롭게 흔들리던 나의 자신감과 자존감은 이제 어떤 인생의 변화와 고난 속에서도 흔들리지 않고 굳건히 설 수 있을 만큼 강해졌다. 그것은 있는 그대로의 나를 인정하고 나의 한계를 인정하는 것에서부터 시작되었다. 나를 믿을 용기, 나의 한계를 받아들일 용기를 낸 후 비로소 얻은 강인함이었다.

나에 대한 믿음은 깊은 확신으로, 이는 곧 확신을 현실로 만들 수 있는 강력한 에너지를 내뿜어 꿈을 꾸고 원하는 것을 이룰 수 있도록 도와준다.

내가 나를 믿지 않으면 누가 나를 믿어줄 것인가?

내가 나를 믿지 않으면 무엇을 믿을 수 있을 것인가?

'육아'라는 고된 시간이 내게 알려준 것은 나에 대한 믿음과 확신에서부터 모든 것이 비롯된다는 사실이었다. 난 또 한 번의 내 인생의 커다란 산을 넘으면서 값진 보물을 하나 발견했다. 그것은 '나를 믿을 용기'였다.

"나는 나를 그린다. 왜냐하면 나는 내가 아는 가장 최고의 존재이기 때문이다."

- 프리다 칼로

내가 마흔셋에 다시 공부를 시작한 이유

유시민은 《공감 필법》에서 '공부'에 대해 이렇게 정의했다.

"공부란 인간으로서 최대한 의미 있게 살아가기 위해서 하는 거다. 학위를 따려고, 시험에 합격하려고, 취직하려고 공부할 때도 있지만, 공부의 근본은 인생의 의미를 만들고 찾는 데 있다고 믿는다. 그래서 책을 읽고 공부를 할 때는 내가 삶을 살아가는 태도를 결정하는 데 참고할 수 있는 것들을 찾아야 한다."

내 눈에 이 글이 들어온 이유는 나 역시 독서를 통해 내 삶의 의미를 찾아가고 있기 때문일 것이다. 인생의 절반쯤 왔을까? 내 나이 마흔셋에 나는 다시 공부를 시작했다. 그것은 '나에 관한 공부'였고 공부법은 바로 독서와 글쓰기였다. 독서를 통해 나에 대한 탐구를 시작할 수 있었다. 내가 언제 가장 행복해하는지, 무엇을 할 때 가장 재미있어하는지, 무엇을 가장 참기 힘들어하고 또 싫어하는지 탐구했는데, 책을 읽고 떠오르는 생각들을 글로 쓰고 정리하는 과정을 통해 점차 나를 파악할 수 있게 되었다.

책을 읽고 떠오른 생각을 글로 정리하는 이 과정은 참으로 신기한 경험이었다. 태어나서 40년을 넘게 살면서 나에 대해 이토록 모르고 있다는 사실을 인지한 첫 경험이었다. 그런데 생각해보니 그럴 만도 했다. 내 삶에서 나는 항상 우선순위에서 밀려나 있었다. 나 자신의 행복보다 가족의 행복이 우선이었고, 관심의 대상에서도 난 늘 뒷전이었다. 어릴 적부터 내가 가장이라는 생각에 늘 가정경제에 신경 써야 했고, 내 어깨에 얹힌 삶의 무게에 짓눌려 나에 대해 생각해볼 여유는 없었다. 지금 생각해보면 보장되어 있지도 않은 불안전한 미래를 담보로 늘 현재를 희생하면서 살아왔다. 그리고 그 과정에서 나는 점점 나 자신을 잃어가고 있었다.

독일의 시인이자 소설가 헤르만 헤세는 책에 대해서 이렇게 말했다.

"그대에게 행복을 가져다주는 책은 없다. 그러나 책은 은밀하게 그대를 그대 자신 속으로 되돌아가게 한다. 책 속에서 자신을 발견할 수 있고, 지혜를 얻을 수 있고, 필요한 모든 것을 찾을 수 있다. 인간이 자연에서 거저 얻지 않고 정신으로 만들어낸 수많은 세계 중 가장 위대한 것은 책의 세계다."

이제 나에게 독서와 글쓰기란 나와 소통하는 방법의 하나가 되었다. 책을 읽으면서 나에 대해 알아가고 나의 지난 인생을 되돌아보는 시간을 보내면서 나 자신과 조금씩 소통해 나가기 시작했다. 독서와 글쓰기를 통해 나는 어떤 사람이며 앞으로 어떻게 살아야 하는지 꾸준하게 묻고 답하는 과정을 거쳤다. 책을 통해 나를 되돌아보게 되고, 생각하게 되고, 글을 쓰면서 내 생각을 정리하여 나란 사람에 대해 다시 재정립해 나가기 시작했다. 이런 과정들은 나를 견고하고 단단하게 성장시켜 주었다.

신영준 박사의 말이다.

"변화의 시작은 나를 정확히 아는 것입니다. 기록은 내가 어디쯤 왔나 현재의 위치를 정확하게 알게 합니다."

나의 현재 위치를 파악하면 일상생활에서 좀 더 의식적으로 생각하게 되고, 좀 더 생산적인 일을 하려고 노력하는 데 많은 도움이 된다. 나 역시 독서와 글쓰기로 내 생각을 정리하던 어느 날, 문득 이런 책을 쓰고 싶다는 생각이 들었다. 육아를 통해 세상을 달리 바라보게 된 점, 예전의 나처럼 워킹맘으로 힘들게 하루하루를 버티며 살아가고 있는 엄마들에게 해주고 싶은 말, 그리고 전업주부로 지내면서 내가 겪은 어려움을 함께 공유하고 그 과정에서 내가 배우고 깨달은 중요한 사실들을 정리하여 나와 비슷한 처지의 여성들에게 도움 되는 책, 용기와 힘을 주는 책을 쓰고 싶단 생각이 들기 시작했다.

　이런 내용을 통해 나만 힘든 것이 아니라는 것, 그리고 우리는 지금보다 훨씬 많이 행복해질 수 있다는 것, 조금 덜 힘들 수 있다는 것들을 이야기해주고 싶었다. 하루하루 죽어가는 것이 아니라 하루하루 함께 행복과 성장을 공유하며 살자고 말하고 싶었다. 그래서 책을 쓰기로 마음먹었다. 내가 책을 쓰면서 변화하고 성장했던 경험들을 알려주고 싶었고, 내가 했으니 당신들도 할 수 있다고 용기를 주고 싶었다.

　이런 생각이 허공에 사라지기 전에 나는 행동으로 옮겨야 했고 그래서 찾은 곳이 '책인사'(책 쓰기로 인생을 바꾸는 사람들) 아카데미였다. 그곳 대표이자 작가이신 이혁백 선장님을 만나게 되었고 실전반 수업을 거치면서 '워킹맘 디렉터'라는 나만의 콘셉트도 가질 수 있게 되었다.

　작가가 된다는 것은 개인적으로는 내 인생을 재정립하는 시간이었고, 내 삶에 많은 긍정적 변화와 작은 성공들을 만들어내는 과정이기도 하다. 책을 읽으면서 지혜와 깨달음을 얻고, 생각이 바뀌자 나를 둘러싼 환경 또한 달라졌다. 글로 정리하면서 실질적인 내 삶에 적용점을 찾아냈기 때문이었다.

　한 예로, 좋은 습관 들이기에 대한 글을 읽고 미라클모닝을 시작하여 아침은 온전히 나를 위한 시간으로 만들었다. 아침에 감사

일기를 쓰고, 내가 이루고자 하는 소망들을 매일 적고, 10분 독서를 한 후 블로그에 글을 올리는 것이다. 미라클모닝을 통해 나는 물론이거니와 아이들까지도 아침형 인간으로 변화할 수 있었다. 매일 저녁에는 아이들과 감사한 일을 찾아 감사와 사랑이 충만한 하루가 되기 위한 노력을 게을리하지 않았다. 또한, 불확실한 미래를 위해 현재를 희생하지 않고 그 대신 오늘 주어진 하루하루를 최선을 다해 보내는 데 집중했다. 최선을 다한 최고의 하루하루가 모여 성공적인 미래를 만든다는 것을 이제는 알고 있기 때문이었다. 이러한 과정들을 거치면서 내 삶의 목적과 방향을 찾았고, 놓치고 살았던 인생의 중요한 가치들을 다시 담을 수 있었다.

결국, 정서적으로도 불필요한 부정적 감정에서 벗어날 수 있었다. 타인과의 쓸데없는 비교로 인해 생기는 피로감과 불안감도 줄어들었다. 육아에서 받는 스트레스도 줄어들었고 아이 또한 있는 그대로의 모습을 인정하고 지지해주면서 온화함과 담대함으로 편안하게 육아할 수 있게 되었다. 독서와 글쓰기를 통해 절대로 흔들리지 않는 나만의 육아 철학을 세웠기 때문에 가능한 일이었다.

또한, 해야 할 일과 하고 싶은 일이 무엇인지 명확하게 알기 때문에 무엇을 해야 할지 몰라 여기저기 기웃거리면서 소중한 시간을 허비하는 일도 더는 일어나지 않았다. 내가 해야 할 일이 분명하게 있으니 집중할 수 있게 되어 하루하루 보람과 성취감도 늘어갔다.

'행복을 읽는 엄마 작가' 임효빈 작가는 《나는 작가다-두 번째 이야기》에서 이렇게 말했다.

"나 역시 아이들을 좀 더 넓은 마음으로 안아줄 수 있게 되었고, 짜증 섞인 아이들의 울음소리에도 덜 반응하게 되었으며, 아이들과 함께하는 모든 시간을 더 소중하게 여기게 되었다. 잠시 잃어버렸던 소중한 감정을 다시 찾은 느낌이다. 무엇보다 아이들을 통해, 즉 육아를 통해 세상을 읽을 수 있는 엄마가 되었다."

나 역시 독서와 글쓰기를 통해 내 의식이 확장되고 시야가 넓어지자 아이들만 바라보고 안절부절못하던 과거의 못난 엄마에서 벗어날 수 있었다. 더는 다른 아이와 내 아이를 비교하지 않게 되었고, 내 아이를 있는 그대로 인정하고 사랑하자 내 안의 불안감이 사라졌다. 불안감이 사라진 곳에 아이에 대한 강한 믿음과 긍정의 에너지로 채워졌고 어떤 일이 있어도 좀처럼 흔들리지 않을 수 있게 되었다. 눈앞에 보이는 현상만 보고 판단하기보다 아이의 내면을 들여다보고 내면의 소리에 귀 기울일 줄 알게 되었으며 그로 말미암아 조급함을 버리고 아이가 준비될 때를 기다리는 여유와 기다릴 줄 아는 엄마로 점점 성장해 갈 수 있었다.

아이보다는 나에게 좀 더 집중하게 됨으로써 의도치 않았으나 아이와 적당한 거리가 생겨났고 그 거리를 통해서 아이는 스스로 결정하고 판단하고 그에 따른 책임을 갖는 기회가 점차 늘어나기 시작했다. 또한, 엄마가 한자리에 머무르지 않고 인생의 목적과 목표를 가지고 성장하는 모습을 지켜보며 자란 아이는 자신 역시 꿈을 적극적으로 찾아 나서고 새로운 일에 도전하면서 두려움보다는 설렘을 가진 강한 아이로 성장한다.

책을 읽고 책을 쓴다는 것은 내가 내 인생의 주인이 되어가는 과정이다. 나의 정체성과 가치를 찾아가는 과정이기 때문이다.

《일독 일행 독서법》의 유근용 저자는 "나를 잃어버렸다는 생각과 삶을 바꾸고 싶다는 마음이 간절할 때가 바로 책을 읽어야 할 때다"라고 말했다.

나를 찾고 내 삶을 바꾸고 싶다면 지금 당장 책을 손에 들어보자. 그때부터 모든 변화가 시작될 것이다.

아찔하게
행복하면 좋겠습니다

《인생의 절반쯤 왔을 때 깨닫게 되는 것들》의 저자, 딕은 동부 아프리카를 여행하던 중 만난 마사이족 족장에게 자신의 배낭에 들어있는 신기한 물건들을 모두 꺼내 보여주었다. 그 물건들을 빤히 쳐다보던 그 족장이 이렇게 물었다.

"이 모든 것들이 당신을 행복하게 해줍니까?"

순간, 딕은 온몸이 그대로 굳어버렸다. 그 질문에는 아주 강렬한 무언가가 담겨 있었다. 단숨에 마음속 가장 깊은 곳에 잠들어 있던 가치관의 급소를 파고드는 그 한마디, 깊은 울림이 담긴 이 물음에 그는 그것들이 자신을 정말 행복하게 해주는지 따져보게 되었다. 그리곤 가장 필요한 것들만 챙겨서 가방을 꾸렸다. 그는 남은 여행을 하는 동안 크게 불편함을 느끼지 않았으며, 훨씬 더 즐겁게 여정을 마칠 수 있었다. 인생의 가방을 다시 꾸리고 나니 오히려 행복해졌음을 느꼈던 것이다.

마흔이 훌쩍 넘은 나 역시 인생의 절반쯤 이르렀다. 이 책을 읽으면서 혹시 나의 인생에서도 버리지 못하고 어쩔 수 없이 그대로 짊어지고 가는 짐은 없는지, 무엇을 버리고 또 무엇을 담을지 다시 한번 생각해보는 계기가 되었다. 이것은 내 삶에 있어서 우선순위를 정하는 과정이었다. 어디로 가고 있는지, 어디쯤 와있는지, 무엇을 위해 사는지 모른 채 삶의 목표와 목적 없이 그저 흘러가는 대로 살던 나였지만, 이제는 기준을 정하고 그 기준에 맞춰 원하는 인생의 모습으로 살아갈 수 있도록 하는 과정이었다. 그리고 그 궁극적인 목표는 행복한 삶이었다.

그러면 나에게 행복이란 무엇일까? 나는 언제 행복한가? 행복하기 위한 조건이나 기준은 무엇일까? 이러한 질문이 꼬리를 물었다. 많은 사람이 행복하게 살기보다 행복하게 보이기 위해서 산다. 그래서 실은 진정 행복하게 사는 사람이 그리 많지 않다. 가장 큰 원인은 나만의 행복 기준이 없기 때문이다.

캘리포니아 대학의 심리학자인 루보 미르스키 교수는 고등학교 졸업반 학생들이 원하는 대학에 지원했다가 떨어졌을 때 어떻게 반응하는지 연구했다. 자신의 인생이 행복하다고 느끼는 학생들과 정반대로 자신의 인생이 불행하다고 느끼는 학생들만 골라서 조사해

보았다.

예를 들어 미국의 최고 명문 프린스턴 대학과 무명의 한 지방 대학에 동시에 지원하고 결과를 보니 프린스턴 대학에는 떨어지고 지방 대학에는 붙었다. 이 경우 평소 불행하다는 학생들은 "난 역시 프린스턴 대학 수준은 안 돼, 수준 낮은 무명 대학에나 가는 수밖에 없어"라는 반응을 보였다. 쉽게 말해 불행한 학생들은 가장 어두운 면에 초점을 맞췄다. 자신의 실력과 다니게 될 학교를 전보다 더 낮게 평가했다.

그럼 행복하다는 학생들은 어땠을까? "프린스턴 대학에 못 들어가면 어때? 지방 대학에도 알고 보니 좋은 점이 너무 많은걸. 집에서 다니기도 가깝고, 오히려 잘 됐어"라고 반응했단다. 그들은 불행한 학생들과는 반대로 가장 밝은 면에만 초점을 맞춘다는 것을 알아냈다.

루보 미르스키 교수는 행복이나 불행은 이처럼 환경이나 운, 혹은 머리가 만들어내는 것이 아니라 상황을 바라보는 시각이 결정한다는 것을 확인했다. 다시 말해 행복은 스스로 창조해 내는 것이다.

행복의 첫 번째 조건은 내게 일어난 모든 사건이나 상황을 긍정으로 해석하는 것이다. 행복하게 산다는 것은 부정적인 감정보다는 긍정적인 감정이 넘치는 것을 말한다.

데일 카네기의 말이다.

"같은 장소에서 같은 일을 하며 명성과 재산까지 같은 두 사람이 있어도 이들 중 한 사람은 행복하고 다른 한 사람은 불행합니다. 그것은 이들의 마음가짐이 다르기 때문입니다."

이처럼 같은 사건도 바라보는 시각에 따라 긍정적인 감정을 선택할 수 있다. 즐거움이나 기쁨 같은 감정은 엔도르핀과 세로토닌을 두뇌에 흠뻑 분비시켜 자신감과 함께 창의적인 사고를 할 수 있게 한다. 살면서 맞닥뜨리는 골치 아픈 문제에 해결책을 번쩍 떠오르게 만들어 주기도 하고 스트레스나 짜증스러운 일에 유연하게 대처할 수 있는 여유를 주어 우리를 행복한 삶으로 인도한다.

두 번째 행복의 조건은 '감사하기'다.

"사람이 얼마나 행복한가는 그 사람 감사의 깊이에 달려있다"라는 말이 있다.

넬슨 만델라 이야기다. 각국의 기자들은 70세의 나이에 감옥에서 출소하는 만델라를 기다리고 있었다. 뜻밖에 건강하고 밝은 모습에 기자들이 물었다.

"다른 사람은 5년만 옥살이를 해도 건강을 잃어서 나오는데 옥에서 27년을 살면서 이렇게 건강할 수 있습니까?"

만델라는 웃으면서 대답했다.

"나는 감옥에서 중노동을 나갈 때 넓은 자연에 나간다는 즐거움에 비록 몸은 힘들었지만 즐겼습니다. 하늘을 보고 감사했고, 땅을 보고 감사했습니다. 남들은 감방에서 좌절과 분노를 삭였지만, 나는 마음을 내려놓고 용서했습니다. 물을 마시며 감사했고, 음식을 먹으며 감사했고, 강제노동을 할 때도 감사했습니다. 그랬더니 세상의 모든 즐거움이 저를 감쌌습니다."

분노 대신 감사를 선택한 넬슨 만델라는 그 후 노벨평화상도 받았고, 남아공 최초의 흑인 대통령으로 당선되었다.

존 헨리는 "감사는 자부심과 자신감을 높이고 변화나 위기에 대한 대처 능력을 증진한다. 감사는 최고의 항암제요, 해독제요, 방부제다"라고 했는데, 만델라가 몸소 증명했다.

감사는 또 다른 감사할 일을 부른다는 옛말이 있듯이 무언가에 감사할 줄 알면 감사한 일이 우리 인생에 더 많이 흘러들어온다. 나는 감사함을 더욱 잘 인식하기 위해, 사랑이 충만한 삶을 더 많이 받아들이기 위해 매일 아침 '5분 감사 일기'를 쓴다. 매일 감사한 일 세 가지를 적어보는 것으로 하루를 시작하면 분명 더 빨리 행복해지고, 그 행복은 오래 지속한다. 또한, 스쳐 지나갈 수 있는 일상의 사소함이 전혀 작지 않음을, 그리고 당연하다 여겼던 작은 일들이 당연하지 않다는 것을 깨닫게 해주어 감사와 사랑이 충만한 하루를 시작할 수 있게 된다. 이는 곧 행복으로 가는 지름길이 되어 준다. 그러니 행복해지기를 원한다면 반드시 '감사 일기'를 쓸 것을 추천한다.

마지막 세 번째 행복의 조건은 '열정'이다.

열정이란 어떤 일을 하고 싶어지도록 만들고, 갖고 싶은 것을 갖도록 노력하는 마음가짐이다. 우리가 노력하는 궁극적인 목표는 바로 행복을 얻기 위해서다. 그런데 행복은 미래를 꿈꿀 때 유지된다. 행복은 과거가 아닌 미래에 있기 때문이고 그 행복한 미래는 행복한 하루하루가 만들어낼 수 있기 때문이다.

《인생에서 너무 늦은 때란 없습니다》의 저자, 모지스 할머니는 76세에 그림을 그리기 시작해 80세에 개인전을 열고 100세에 세계적인 화가가 되셨다.

"진정 꿈꾸는 사람에겐 바로 지금, 이 순간이 가장 젊을 때다. 시작하기에 딱 좋은 때 말이에요!"

모지스 할머니가 그녀의 책에서 한 말이다. 결코, 늦은 때란 없다. 내가 그렇다고 믿는다면 말이다. 하고 싶은 일이 있으나 '환경이 여의치 않아서', '경제적으로 부족해서', 또는 '지금 상황이 좋지 않아서'라는 핑계로 '이 모든 것이 해결되면 그때 해야지'라고 생각하고 있다면 결국 하지 못하게 될 확률이 높다. 나를 둘러싼 그 모든 것이 완벽하게 준비되고 해결될 때란 거의 없다고 해도 과언이 아니기 때문이다.

"두려워할 것은 아무것도 없다. 왜냐하면 당신은 실패할 수 없으므로. 오직 배우고, 성장하고, 그 어느 때보다 더 나은 사람이 될 일만 있을 뿐이다."

《미라클 모닝》에 소개된 글이다. 실패가 두려워 주저하기에는 우리의 인생은 그리 길지 않다. 우리 각자에게는 저마다 원하는 삶을 살고 변화를 일으킬 무한한 능력이 있다는 것을 잊지 말자. 그리고 우리 안의 무한한 능력을 유지하게 할 단 하나의 것이 있다면 그건 바로 열정이다. 그리고 열정은 습관이다. 움직이는 기관차가 계속 달리기 위해서는 정거장에서 계속 석탄을 태우고 있듯이 열정을 습관화시키려면 생각한 것을 미루지 말고 바로 실행하는 것과 더불어 자신만의 목표를 지속할 수 있도록 꾸준한 자기 암시가 중요하다.

나는 매일 아침 감사 일기를 쓰는 것과 동시에 100일 동안 내가 이루고자 하는 소원을 함께 적는다. 나의 열정이 한낱 바람으로 스쳐 지나가지 않도록 하기 위한, 그리고 나의 반복적인 습관으로 자리 잡기 위한 일련의 자기 암기이다. 이런 작업을 통해, 나는 매일 열정이 식지 않도록 노력한다.

〈알쓸신잡〉 시즌 1에 출현하여 더욱 유명해진 뇌과학자 정재승 박사는 그의 신간《열두 발자국》에서 이런 말을 했다.

"인생의 목표가 성공이 아니라 성숙이라면, 우리는 날마다 새로운 삶을 살기 위해 노력해야 합니다."

결국 우리의 목표는 '성공'이 아니라 '행복'이다. 성공해서 행복한 것이 아니라 행복해서 성공한 것이기 때문이다.

열정을 개발하는 가장 좋은 방법은 내가 좋아하는 일을 하는 것이다. 주저하지 말고 하고 싶은 그 일을 지금 당장 해보자. 열정은 자신을 재충전하고 역동적으로 삶을 살아가기 위한 원동력이다. 또한, 열정은 전염된다. 내가 열정적인 인생을 산다면 나의 아이들을 포함한 가족들 역시 열정적인 사람이 될 수밖에 없다. 아이들에게도 좋아하는 일을 하게 하고, 나 역시 내가 좋아하는 일에 몰두한다면 인생이 새로운 일들로 인해 한층 신선해지고 내일이 기다려지는 일상을 보낼 수 있게 될 것이다. 잠들 전 내일이 기다려지는 인생, 매일매일 새로운 삶을 살고 싶다면 이제라도 자신만의 행복의 기준을 세워 내 인생의 주인으로 살아가야 한다.

"당신이 가슴 뛰는 삶을 사는 것, 그것은 당신에게 주어진 진리의 길이자 이번 생의 목적입니다."

- 다릴 앙카

I AM 현정

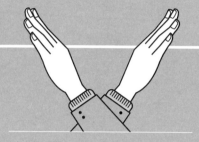

오늘 하루가
힘들었을 당신에게,
'내일은 맑음'

작가
현정

그녀는 흔하디흔한 대한민국 20대 청년처럼 보이지만 누구보다 특별한 꿈을 꾸고, 흔하지 않은 경험들을 이어나가고 있다.

우리나라 대다수의 10대 청소년들이 그러하듯, 그녀 역시 10대 시절, 대학 입시라는 터널 안에서 그 끝자락의 엷은 빛줄기만을 바라보며 긴긴 어둠을 버텨냈다. 그러나 마침내 대학 입학에 성공한 그녀는, 그 빛이 끝이 아닌 또 다른 터널의 입구였음을 깨달았다.

그렇게 맞이한 20대, 사회가 요구하는 틀에 맞추기 위해 회계사 시험, 공무원 시험 등 각종 고시에 수차례 도전했으나 번번이 실패했고, 그 실패로 가득 찬 자기소개서를 받아주는 회사는 그 어느 곳도 없었다. 인생의 바닥이라고 생각하던 그때, 바로 '지금'이 남들의 시선에 개의치 않고 '진짜 나'를 찾아 떠날 유일한 기회임을 깨닫게 되었다. 그리고 그 기회를 놓치지 않았다.

현재, 그녀는 작가로서, 강연가로서, 평범한 삶을 벗어던지고 누구보다 특별한 인생을 누리고 있다. 사상 최악의 취업난과 맞서 싸우고 있는 이 시대의 안타까운 대한민국 청년들에게 새로운 길을 제시하고, 오로지 '나'만을 위한 인생을 만들어가는 방법을 알려주고자 이 책을 집필한 그녀는, 특별하게 살기 위해서는 타인의 시야에서 벗어나 새로운 길을 개척해야 한다고 말한다. 또한 마음껏 도전하고 또 실패해야 한다고 역설한다. 도전과 실패를 두려워하지 않는 위대한 용기로, 평범하지만 찬란한 청춘을 사는 그녀는 '누가 뭐래도, 내 인생은 내가 만든다'라는 신념으로 또 다른 꿈을 향해 달려가고 있다.

＊ E-MAIL lemon_0425@naver.com
＊ INSTAGRAM @hyunnn_jung

×

더 이상 인생 조언 따위,
거절하겠습니다

"아빠는 우리 딸이 외교관이 됐으면 좋겠어."

소녀 A의 아빠가 말했다.

"외교관이 뭐 하는 사람인데?"

"전 세계의 여러 나라를 돌아다니면서 우리나라를 위해 일하는 사람이야. 그리고 돈도 엄청나게 많이 벌어."

"우와! 정말? 나 그럼 커서 외교관 할래!"

A는 커서 외교관이 되었을까? 되지 못했다.

소녀 B가 있었다. B는 아토피 피부염을 심하게 앓았다. 치료를 위해 피부과 병원에 다녔지만, 의사의 냉담한 태도와 2분도 채 안 돼 끝나버리는 무성의한 진료에 늘 실망했다. 그러나 한의원은 달랐다. 한의사 선생님은 소녀와 계속해서 눈을 맞추며 정성스럽게 진료를 봐주셨다. 그 모습에 한의사라는 직업에 호기심이 생겼다. 잘은 모르겠지만 돈도 많이 버는 것 같았고, 보람도 있을 것 같았다. 그래서 B는 한의사가 되기로 했다.

B는 한의사가 되었을까? 되었다.

사실 소녀 A는 바로 나다. 외교관이 뭔지도 몰랐던 8살의 나는 아빠의 말 한마디로 외교관이 되겠다고 마음먹었다. 그러나 외교관이 구체적으로 어떤 일을 하는 사람인지, 외교관이 되려면 어떤 준비를 해야 하는지에 대해서는 전혀 알아보지 않았다. 심지어는 궁금해하지도 않았다. 나에겐 그 꿈을 이루고자 하는 어떤 열정도 없었다. 그저 "나는 커서 외교관이 될 거야!"라는 말만 하고 다녔을 뿐이었다. 외교관이라는 꿈은 아빠가 제안한 꿈, 그 이상도 그 이하도 아니었다.

꿈을 가졌을 당시 나와 B는 모두 어렸다. 미래에 어떤 직업을 갖게 될지 그 누구도 예측할 수 없을 만큼 어렸다. 원하는 그림은 무엇이든 그릴 수 있었을 백지 같은 나이에 나는 그 도화지 위에 어떤 그림을 그릴지 아빠에게 물었다. 그리고선 수동적으로 아빠가 원하는 그림을 그렸다. 당연히 도화지 위의 내 그림은 완성할 수 없었다. 하지만 B는 달랐다. 자기가 원하는 색을 골라 본인이 그리고 싶은 그림을 그렸다. B의 도화지는 B의 색깔로 가득했다.

내 도화지에 내가 원하는 그림을 그렸던 첫 번째 사건은 전문계 고등학교로의 진학을 선택한 일이었다. 사실 아빠에게 반항하고 싶은 마음도 약간 있었다. 그때까지만 해도 내가 외교관이 되면 좋겠다는 아빠의 그 한마디가 내 인생을 좌지우지했다고 생각했기 때문이다. 그래서 나는 아빠에게 폭탄 발언을 했다. 이제는 공부하지 않겠노라고, 대학에도 가지 않을 것이고, 고등학교를 졸업하면 바로 취업할 것이라고.

우여곡절 끝에 결국 전문계 고등학교로의 진학에 성공했다. 지금도 나는 이 선택이 살면서 가장 잘한 선택 중 하나라고 자부한다. 물론 아빠의 생각은 정반대지만 말이다. 그 누구의 참견에도 흔들리지 않고 고집스럽게 내린 결정이어서 그랬는지 모르겠지만, 고등학교 생활은 굉장히 행복했다. 훌륭한 선생님을 만났고, 좋은 친구들을 얻었다. 치열한 경쟁을 해야 하는 인문계 고등학교와는 달리 비교적 여유로운 시간도 주어졌다. 특히나 지금까지 접해보지 못했던 생소한 것들을 배우면서 처음으로 공부가 재미있다고 느끼게 해준 과목도 생겼다. 열정이라고는 없이 살아온 나에게서 배움에 대한 욕구가 타오르기 시작했다.

그러나 고등학교 3학년 말, 밀물처럼 밀려 들어오는 갖가지 조언에 휩쓸리고 말았다. 열아홉, 인생에서 가장 중요한 시기라고들 한다. 전문계 고등학교 학생들에게는 특히나 더 그렇다. 대학 진학과 취업이라는 큰 갈림길을 또래 친구들보다 조금 빨리 마주하기 때문이다. 사실 나는 고등학교 생활을 하는 3년간 진학과 취업 사이에서 끝없이 고민했다. 대학은 가지 않을 것이라는 다짐과 함께 입학한 전문계 고등학교였지만, 프로그래밍이라는 과목을 접하면서 컴퓨터 공학과로 대학에 진학하고 싶다는 생각을 하게 되었기 때문이다.

그러나 고등학교 3학년 때 집안 사정이 급격히 나빠졌고, 결국 취업을 결심했다. 충분히 고민하여 내린 결정이었기에 담임선생님을 비롯한 여러 선생님에게 내 결정을 말씀드렸다. 물론 가족들에게도 이야기했다. 그런데 선생님과 가족들로부터 돌아오는 답변은 하나같이 다시 생각해 보라는 것이었다. 요즘 세상에 대학 졸업장 하나 없는 사람이 어디 있느냐며 나를 설득했고, 심지어 대학에 가지 않으면 앞으로의 인생이 캄캄할 것이라고 이야기한 분도 있었다. 두려움이 밀려왔다. 그리고 보니 우리 학교가 전문계 고등학교임에도 졸업 후 취업을 선택하는 학생은 10%에 지나지 않았다. 결국은 이게 현실인가 싶었다. 남들보다 성공한 삶은 아니더라도 남들처럼 평범하게는 살고 싶었다. 실패자나 낙오자가 되기는 싫었다. 매일 같이 이어지는 설득에 두려움이 더해져 결국 나는 백기를 들고 말았다.

대학 입학을 결정한 순간부터 내 인생은 나의 것이 아니었다. 외교관의 꿈을 가졌던 어린 시절의 삶처럼 또다시 남의 기준에 맞추어진 삶이 시작된 것이다. 대학을 선택할 때도 마찬가지였다. 컴퓨터 공학과에 지원한 두 곳의 대학으로부터 합격통지를 받았음에도 나는 다른 학교에 진학했다. 원하는 전공보다는 대학의 이름값을 기준으로 내린 결정이었다. 전공은 한 번도 생각해 본 적 없는 경제학이었다.

정시로 지원한 세 곳의 학교 중 가장 이름이 있다는 대학에서 합격통지를 받은 날, 술에 취해 들어온 아빠가 내 손을 잡고 하염없이 눈물을 흘렸던 것이 생각난다. 그 눈물을 멍하니 바라보는데 슬프지도 기쁘지도 않았다. 감정조차 나의 것이 아니었다.

이 대학에 입학한 것이 내 인생에서 가장 큰 성공이었다. 그러나 아이러니하게도 성공이라 하는 이 사건 이후 나는 한없이 우울했고, 불안했으며, 괴로웠다. 전문계 고등학교 출신인 나는, 인문계 고등학교에서 모든 교과과정을 이수하고 우수한 성적으로 대학에 입학한 친구들을 따라잡을 수 없었다. 사실 따라잡으려는 노력조차 하지 않았다는 게 맞다. 내 전공이 너무나 싫었고, 그렇다 보니 수업을 듣는 것도, 시험을 보는 것도, 학교에 가는 것도 전부 다 싫었다. 같은 나이, 같은 학교, 같은 과의 학생들이지만 그 100여 명의 사람은 나만 빼고 전부 다른 세계의 사람들 같았다.

그렇게 시작된 늦은 사춘기는 두 번의 학사경고를 불러왔다. 학사경고를 한 번 더 받으면 제적이었다. 여느 사람이라면 반성하고 다시 열심히 공부했겠지만, 난 휴학을 선택했다. 미친 듯이 아르바이트만 했다. 보람이 있었다. 아르바이트를 하다 보면 내 가치를 인정받는 것 같아 기뻤기 때문이다. 학교에서 나는 그야말로 문제아였는데, 아르바이트를 하러 가면 없어서는 안 될 존재가 된 듯했다. 아르바이트를 하는 동안에는 누가 뭐래도 내가 주인공이었다.

하지만 이 기간도 그리 오래가지 못했다. 또다시 주변의 인생 조언들이 날아들었기 때문이다. "복학은 언제 할 거야?" "그래도 동기들 있을 때 학교 다니는 게 낫지." "이제 너도 슬슬 취업 준비해야 하지 않겠어?" "어떻게 들어온 학교인데 졸업은 해야지." "학점이 영 안 되겠으면 너도 시험 준비나 한번 해봐." "언제까지고 아르바이트만 하면서 살 수는 없잖아."

사실 마음 같아서는 자퇴를 하고 싶었다. 학교라는 말만 들어도 넌덜머리가 났다. 그런데 결국 하지 못했다. 1학년 때는 너 혼자만 고민하는 게 아니라 다들 그렇다는 조언 때문에, 2학년 때는 원래 2학년이 할 일도 많고 바쁜 거니 이 시기만 지나면 괜찮아질 거라는 조언 때문에, 3학년 때는 지금까지 해온 게 아깝지 않으냐는 조언 때문에, 4학년 때는 그냥 한 학기만 참고 버티면 졸업인데 굳이 그래야 하냐는 조언 때문에. 결국, 나를 위한 선택은 없었다.

그들의 조언이 잘못되었다는 건 아니다. 내 주변에 어렵게 들어온 대학을 그만두고자 하는 친구가 있었다면 나 역시 같은 조언을 했을 것이다. 중요한 것은 조언을 받아들이는 사람의 마음 상태다.

의학 박사이자 경영학 박사인 이노우에 히로유키는 《배움을 돈으로 바꾸는 기술》에서 "그 누구의 평가에도 현혹될 필요가 없습니다. 최종적인 평가는 스스로 내리는 것입니다. 어떤 경우라도 세간의 평가에 영향을 받지 않는, 흔들림 없는 자신이 되십시오"라고 강조한다.

흔들리는 상태, 즉 자신의 인생을 자기 힘으로 끌고 갈 수 없는 상태에서 갖가지 조언을 듣게 된다면 그 조언은 오히려 독이 된다. 분명 지난날의 나처럼 그 조언들을 핑계 삼아 내 인생의 주도권을 타인에게 넘기는 사태가 벌어진다. 그에 따라오는 결과 역시 남의 탓으로 돌리게 될 것이 불 보듯 뻔하다. 선생님이 대학 가라고 해서 갔는데 불행하다고, 친구들 말 듣고 복학했는데 우울하다고, 부모님 말씀 듣고 버티고 있는데 왜 이렇게 살아야 하는지 모르겠다고 투덜대면서 말이다.

누구나 가까운 지인들에게 조언하기도 하고, 듣기도 한다. 그러나 이 조언을 수용할 것인지 말 것인지는 결국 내가 결정해야 한다. 《행복한 이기주의자》의 저자 웨인 다이어는 "누군가 나의 성장에 도움이 될 만한 사실을 알려준다면, 비록 그것이 마음에 들지 않아도 고마워할 것. 고마워하는 행동은 인정을 구하는 태도를 사라지게 한다"고 전했다. 그저 상대방의 관심과 사랑에 감사하고, 그 조언에 따를 것인지에 대한 결정은 스스로 내리면 된다.

'조언'의 사전적 의미는 "말로 거들거나 깨우쳐 주어서 도움, 또는 그 말"이다. 그렇다. 조언은 그저 거들어주는 말, 도와주는 말일 뿐이다. 이런 도움에 인생을 묶어 둘 필요는 없다. 내 인생은 오로지 나만의 것이다. 삶의 밑거름이 될 만한 이야기들은 가슴 속에 담고, 그렇지 않은 이야기들은 미소와 함께 흘려보내면 그만이다. 누구의 것이든 한 사람의 인생은 온전히 홀로 설 수 있을 때 가장 빛난다는 당연한 사실을 명심해야 한다.

　자, 이제 원하는 색을 골라 당신의 도화지를 채워나갈 일만 남았다. 그 그림은 분명 완성될 것이다. 주변에서 권하는 색 말고, 당신이 원하는 색은 무슨 색인가.

×

때로는 빨리 포기하는 것도 성공의 비결입니다

워런 버핏의 전용기를 10년 이상 조종한 플린트는 어느 날 버핏에게 물었다.

"어떻게 하면 목표를 달성하고 인생에서 성공할 수 있나요?"

버핏은 '성공'하면 떠오르는 목표 스물다섯 가지를 적어보라고 답했다. 플린트는 고민 끝에 스물다섯 가지의 목표를 적었다. 그러자 버핏은 그중 가장 중요하다고 생각하는 다섯 가지만 선택해 동그라미로 표시해보라고 말했다. 플린트는 더 오랜 시간 고민했다. 그에겐 스물다섯 가지의 목표가 모두 중요했기 때문이다. 플린트는 힘들게 다섯 가지를 골라 동그라미를 쳤다.

"그 다섯 가지의 목표를 달성하기 위해 무엇을 할 계획인가?"

버핏의 물음에 플린트는 자신이 가지고 있는 계획들을 설명했다. 버핏은 또다시 질문을 던졌다.

"그렇다면 나머지 스무 가지의 목표들은 어떻게 할 셈인가?"

"다섯 가지의 목표가 최우선이니 이것을 이루기 위해 열심히 노력하고, 틈틈이 나머지 스무 가지의 목표를 위해서도 노력할 것입니다."

플린트의 답에 버핏은 단호히 말했다.

"아니, 틀렸네. 나머지 스무 가지의 목표는 자네가 반드시 피해야 할 것들이네. 오직 가장 중요한 목표에만 집중하게. 그러기 위해서는 반드시 포기할 줄 알아야 하네."

"SNS는 인생의 낭비다"라는 명언을 남긴 맨체스터 유나이티드 FC의 전 감독 알렉스 퍼거슨은 "포기하지 않는 것도 실력"이라고 했다. 세계적인 리더십 전문가이자 《사람은 무엇으로 성장하는가》의 저자 존 맥스웰은 "포기하지 마라. 진짜 인생은 아직 시작되지 않았다"라고 했다. 이들은 평범한 우리와는 다르게 이미 많은 것을 이루었다. 성공한 사람들이 "포기하지 말라"고 하니 우리는 포기라는 단어 자체에 자연스럽게 거부감을 느끼게 된다. 포기하는 사람을 끈기와 노력이 부족한 사람으로 몰아가며 패배자 취급한다.

그러나 우리가 알아야 할 것이 있다. 이들이 말하는 '포기'란 '새로운 도전을 멈춤'을 의미한다는 것이다. 성공한 사람들이 하나같이 강조하는 것은 수많은 실패와 그럼에도 멈추지 않는 도전이다. 그들에게 포기란 지금 걷고 있는 길에서 멈춰선 채 다른 그 어떤 길도 선택하지 않고 주저앉은 상태, 즉 자포자기의 상태다.

이제 막 걸음마를 시작한 아이가 두 다리에 힘을 주고 일어섰다. 팔만 뻗으면 닿을만한 거리에는 아이의 엄마가 양팔을 벌린 채 아이의 이름을 부르고 있다. 아이는 위태로운 발걸음을 뗀다. 하지만 다섯 걸음도 걷지 못한 채 주저앉는다. 엄마는 어떤 반응을 보일까? 왜 포기하고 주저앉았느냐고 아이를 나무랄까? 그렇지 않다. 다섯 걸음이나 걸었다면서 아이를 껴안고 뽀뽀 세례를 퍼부을 것이다. 이 아이가 여섯 번째 걸음마를 포기했다고 평생 다섯 걸음밖에 걷지 못할까? 그것도 물론 아니다. 하루는 책장을 짚고 일어나 더 많은 걸음을 걸을 것이고, 또 하루는 보행기에 의지하여 다리 힘을 키울 것이다.

무일푼으로 시작해 연 매출 50억 원을 넘어 100억대의 자산가가 된 사업가 부부 서영열과 권순희는 그들의 저서인 《부부창업의 힘》에서 "어떤 일이든 하다 하다 도저히 안 되겠다 싶을 땐 얼른 포기하는 게 돈 버는 일이다"라고 말했다. 덧붙여 '멈춰야 할 때 과감하게 멈출 줄 아는 것'이 '전속력으로 달리는 것만큼이나 중요한 성공의 비결'이라고도 했다.

만약 걸음마를 시작한 그 아이가 자신의 한계치인 다섯 걸음을 넘어 여섯 번째 발걸음을 뗐다면 어떤 일이 벌어졌을까? 중심을 잡지 못하고 크게 넘어졌을지도 모른다. 아이가 다섯 걸음째에서 걸음마를 멈추고 그 자리에 주저앉은 것은 자신을 위험에 빠뜨리지 않기 위한 본능이다. 《부부창업의 힘》의 저자 이야기처럼 아이는 본능적으로 멈춰야 할 때를 알고 과감하게 멈춘 것이다.

나에게도 본능적으로 '지금이 멈춰야 할 때구나'라고 느꼈던 순간이 있었다. 불과 몇 개월 전의 일이다. 당시 나는 스펙 없이 나이만 많은 졸업 유예생이었다. 대한민국에서 나 같은 청년들이 꼭 밟는 코스가 있다. 공무원 시험이다. 절실한 마음으로 시작했다. 20대 초반에 이미 회계사 시험에 도전했다가 포기한 전적이 있었기에 더 간절했다. '이것마저 포기하면 사람들이 나에게 손가락질하겠지' 하는 두려움이 나를 뒤덮고 있었다. 내가 살 길은 이것뿐이라고 생각했다.

네이버의 공동 창업주이자 국민 메신저 카카오톡을 만들어 낸 김범수 카카오 이사회 의장은 "행복의 비결은 좋아하는 것을 많이 하는 것이며, 성공의 비결은 내가 하는 것을 좋아하는 것이다"라고 했다. 공무원 시험을 준비할 당시 나는 행복하지 않았다. '공부를 하는데 당연히 행복하지 않지'라고 생각할 수도 있지만, 문제는 시험에 합격한다 해도 행복할 것 같지가 않았다.

사실 처음 공무원 시험공부를 시작할 때부터 알고 있었다. 나는 공무원이라는 직업과는 어울리지 않는 사람이라는 것을 말이다. 그런데도 공무원 시험을 준비하기 시작했던 것은 순전히 "너 요즘 뭐해?"라는 질문에 그럴싸한 답을 하기 위해서였다. 말 그대로 백수였던 당시 내 인생을 위한 변명이 필요했다. 결국 나는 "응, 나 요즘 공부해. 공무원 시험 보려고" 이 한마디를 위해 공시생이라는 타이틀을 스스로 부여했던 것뿐이었다.

이런 마음이 들기 시작하니 시험 준비를 그만두고 싶다는 생각이 걷잡을 수 없이 커졌다. 그 생각은 꼬리에 꼬리를 물고, '나는 왜 사는가, 내가 하고 싶은 일은 무엇인가'라는 의문까지 도달하게 했다. 당시만 해도 내가 무엇을 하고 싶은지는 여전히 오리무중 상태였다. 그래서 시험을 포기할 수 없었다. 백수 인생에 공시생이라는 타이틀을 겨우 입혀놨는데 내 손으로 그 타이틀을 떼어낼 수 없었다. 남들에게는 별것도 아닌 타이틀이겠지만, 나에게는 초라한 나를 그나마 사람 같게 만들어주는 왕관이었다. 그것도 아주 무거운.

그러나 결국 공무원 시험 준비를 포기했다. 여전히 하고 싶은 게 뭔지 모르는 답 없는 상태였지만 더는 그 왕관의 무게를 감당할 수 없었다. 솔직히 말해서 감당하고 싶지 않았다. 그렇게나 열심히 공부했었는데 참 이상하게도 전혀 후회되지 않았다. 비로소 다시 내 인생을 찾은 듯한 기분이었다. 그제야 떠올랐다. 20대 초반, 회계사 시험에 도전했다가 포기한 이유가.

휴학하고 아르바이트에 매진하다가 주변의 조언에 흔들려 복학을 결정했던 나는 얼마 안 가 또다시 휴학을 선택했다. 그런데 두 번째 휴학은 회계사 시험 준비를 위한 휴학이었다. 학교에 가는 것이 너무나 싫었기 때문에 회계사 시험만 붙으면 대충 졸업 이수 학점만 채우고 졸업해야겠다는 심산이었다. 회계사 자격증이 있으면 학점 따위는 중요하지 않다고 생각했다. 휴학하고 모아뒀던 아르바이트 월급을 투자해 회계사 학원에 등록했다. 하루에 열두 시간 이상씩 학원에 앉아있었다.

그렇게 몇 개월이 지났고, 집안에 큰 사건이 하나 터졌다. 오래전부터 알코올 중독에 시달리던 엄마를 병원에 입원시키게 된 것이다. 강제입원이라고 많이들 알고 있는 동의입원 절차를 진행하면서 당시 나의 정신력이 완전히 무너져 내렸다.

사실 공부를 계속하려면 할 수는 있었다. 그런데 하고 싶지 않다는 마음이 컸다. 학원에 다니면서 선생님들에게 듣는 회계사의 일과 생활이 내가 생각했던 것과는 매우 달랐다. '하고 싶은 일도 아닌데 저 일을 하려고 내가 지금 하루에 열두 시간 이상씩 공부하고 있는 건가?' 하는 회의감에 한창 빠져있을 때였다. 마침 엄마의 일이 터지게 되었고, 이를 핑계 삼아 시험 준비를 그만둔 것이다.

결국 나는 하고 싶은 일을 찾고, 그 일을 해야 하는 사람이었다. 공무원, 회계사 물론 다 훌륭한 직업들이다. 그런데 나와는 맞지 않는 일이었고, 하고 싶지 않은 일이었다. 나중에 적성검사를 받으러 다니며 알게 된 사실이지만, 나는 직업을 선택할 때 재미나 흥미가 없으면 그 일을 할 수 없는 유형의 사람이다. 어쩌면 회계사 시험을 그만둔 20대 초반에도 내 마음은 이 사실을 알고 있었을지도 모른다. 단지 머리가 이 사실을 받아들이지 못해 마음을 꽁꽁

묶어둔 채 그럴듯한 직업을 찾아 헤매도록 만들었다.

산악인들 사이에서는 정상에 오르는 것만큼이나 정상을 포기하는 용기를 높게 평가한다고 한다. 고지가 눈앞이라는 생각에 사로잡혀 자신의 상태를 꼼꼼히 살피지 못한 채 정상만을 바라보고 가다가 큰 사고를 겪는 일이 비일비재하기 때문이다. 이럴 때는 내가 왜 정상에 가야 하는지에 대해 다시 한번 깊게 고민해 볼 필요가 있다. 그 이유가 나의 행복과 성공을 위해서라면, 그래서 그 과정이 즐겁다면, 더 열심히 오르면 된다. 만약 그렇지 않다면 사고 나기 전에 과감하게 포기하고 내려올 줄도 알아야 한다.

공자는 말했다. "멈추지 않는 이상 얼마나 천천히 가는지는 문제가 되지 않는다"고. 정상에 오르는 길은 여러 가지다. 어느 길을 선택할지는 오로지 당신의 선택에 달려있다. A라는 길을 선택했다가 포기하고 내려와 다시 B라는 길로 올라가도 상관없다. 그렇게 산을 빙빙 돌아 아주 늦게 정상에 다다른다 해도 괜찮다. 오히려 A라는 길에만 집착하다 보면 그 산을 충분히 만끽하지 못할지도 모른다. 인생은 산을 오르는 것과 같다고들 한다. 도전하고 포기하고 또다시 도전하면서 나에게 맞는 등산로를 찾으면 된다. 그 과정 중에 어느새 당신은 당신의 인생을 즐기고 있을 것이다. 그리고 그 끝은 당연히, 정상일 것이다.

내 마음대로 사는 게
뭐 어때서?

    탈코르셋. 젊은 여성들을 중심으로 번져가고 있는 사회적 운동이다. 코르셋이란 여성의 몸이 더 날씬해 보이도록 허리를 조이는 용도로 사용되는 보정 속옷을 말한다. 탈코르셋 운동은 긴 머리카락이나 화장, 다이어트, 치마 등 여성들을 옥죄고 있는 다양한 코르셋을 벗어 던지고, 사회적인 시선에서 벗어나 자유롭게 살아가고자 하는 여성들의 움직임을 말한다. 많은 여성이 본인의 SNS에 부러진 립스틱이나 잘려나간 머리카락의 사진을 업로드한 뒤 탈코르셋이라는 태그를 달면서 이 운동을 지지하고 있다.

    그러나 한편으로는 탈코르셋이 지나치게 강요된다는 이야기도 나온다. 실제로 메이크업이나 패션에 관련된 영상을 주로 다루는 유튜버들의 채널에 들어가 보면 왜 탈코르셋을 하지 않느냐, 왜 여자는 무조건 예뻐져야 한다고 이야기하느냐, 하는 식의 댓글들을 심심찮게 볼 수 있다. 또한, 주변에서도 치장하는 여성들에게 본인의 모습이 창피해서 꾸미는 것 아니냐는 식의 잣대를 들이대기도 한다. 깨어있는 여성이라면 탈코르셋에 동참해야 한다며 강요 아닌 강요를 하는 것이다.

탈코르셋 운동의 취지는 분명 위대하다. 모든 사람은 존재 그 자체로도 아름답다는 점을 강조하고, 외모지상주의로 대표되는 사회의 분위기를 환기하고자 한다. 그러나 이를 잘못 이해하고 일방적으로 강요하는 사람들이 생겨나면서 "지금의 탈코르셋 운동은 여성들에게 탈코르셋이라는 또 다른 코르셋을 입히고 있다"는 이야기까지 나오고 있다.

세계적인 베스트셀러 《연금술사》의 저자 파울로 코엘료는 그의 또 다른 저서인 《마음의 힘》에서 이렇게 말했다. "내 경우를 예로 들자면, 글을 쓰기 시작할 때만 해도 나는 내가 글로 먹고살게 될 줄은 전혀 생각도 하지 못했다. 내가 글을 쓰고 있었던 것은 그저 쓰고 싶었기 때문이었을 뿐 나에게 선택의 여지 따위는 없었다."

탈코르셋 운동의 방향이 틀어진 것은 파울로 코엘료처럼 생각하지 않았기 때문이다. 그저 원해서 시작한 것이 아니라, 반대하기 위해 시작한 것이기 때문에 그렇다. 출발부터 잘못되었다. 민낯이 좋다면 화장을 안 하면 그만인 것이고, 어느 날 화장하고 싶다면 그날은 화장하면 된다. 짧은 치마가 입고 싶을 때는 치마를, 청바지가 입고 싶을 땐 청바지를 입으면 그만이다. 아주 간단하다. 누군가의 강요나 시선에 영향받지 않은 채, 그저 하고 싶은 대로 하면 된다. 코르셋도, 탈코르셋도 선택할 필요가 없다.

　인생을 살아가는 것도 마찬가지다. 내 인생이니 내 마음대로 살면 된다. 이 간단한 것을 우리는 왜 하지 못하고 있는 것일까?《내가 나를 위로할 때》의 저자 김나위는 이렇게 말했다.

　"한 번 사는 인생 내 마음대로 살기도 어려운데, 타인의 눈 때문에 인생을 낭비하는 것은 너무나 안타까운 일이다. … 다른 사람의 시선에서 벗어나는 연습이 필요하다. 자신에게 충실하면 된다. 더 늦기 전에, 너무 늦기 전에 타인의 시선 때문에 삶과 생활을 지탱하는 일을 중단해야 한다. … 진짜 나를 발견하기 위한 첫걸음은, 타인의 시선에서 벗어나 나의 내면을 들여다볼 수 있는 간이역으로 가는 것이다. 지금 떠나자, 마음 가는 대로."

　나에게는 마음 가는 대로 떠난 그 간이역이 글쓰기였다. 공무원 시험을 포기하고 난 뒤, 본격적으로 '나 찾기'에 돌입했다. 내가 누구인지, 좋아하는 것은 무엇인지, 앞으로 무엇을 하며 살고 싶은지 계속 고민했다. 심리 상담이나 적성검사를 매일같이 받으러 다녔다. 나도 모르는, 어쩌면 알고는 있지만, 꼭꼭 숨겨놓은, 내면의 욕망이 무엇인지 알고 싶었다. 궁극적으로는 자존감을 회복하고 행복하게 살고 싶었다.

　어딜 가나 검사를 받으러 가면 항상 묻는 것이 있었다.

"경제적으로 아무런 문제가 없다면 어떤 일을 하면서 살고 싶으세요?"

나는 주저 없이 '글쓰기'라 답했다. 왜 그런 대답을 했는지 아직도 잘 모르겠다. 아주아주 어렸을 때 막연히 작가가 되고 싶다는 생각을 해본 적은 있었으나 까맣게 잊고 산 지 오래였다. 사실 너무 어린 나이에 생각했던 것이라 꿈이라고 얘기하기도 부끄러운 꿈이었다. 마치 "저는 이다음에 커서 대통령이 될 거예요" 같은.

이때 깨달았다. '아, 나는 글을 쓰고 싶었구나. 내가 하고 싶은 일이 이거였구나!' 깨닫고 나니 내 안에 내재하여 있던 글을 쓰고 싶은 욕망이 폭발했다. 이때부터는 글쓰기, 책 쓰기에 관련된 정보들을 계속 찾아보기 시작했다. 그러던 중 '책 쓰기 일일 특강'이 있다는 것을 알게 되었고, 신청하여 참석하게 되었다. 이 특강에서 '책 쓰기 코칭'이라는 것을 처음 접했다. 이 강의를 들으면 들을수록 하고 싶다는 생각밖에 들지 않았다. 그런데 비용이 너무 많이 들어 감히 엄두조차 낼 수 없었다.

호기심에 상담까지만 받아볼까 하는 마음으로 1:1 상담을 신청했고, 여기서 또 한 번 나 자신도 이해할 수 없는 결정을 내렸다. 무작정 책 쓰기 코칭을 신청한 것이었다. 이유를 굳이 설명하자면, 돈이고 뭐고 다 떠나서 그냥, 정말, 무척이나, 하고 싶었다. 이것이 이유 전부다. 막상 저질러 놓으니 후회가 되기도 했다. 그런데 그 후회는 얼마 가지 않았다. 돈을 구하기 위해 백방으로 뛰어다니는 동안 참 이상하게도 정말 행복했다. 그때 알았다. '하고 싶은 일을 한다는 것은 이렇게나 행복한 것이구나'라는 것을 말이다.

《나는 직원 없이도 10억 번다》의 저자 일레인 포펠트는 이 책에서 "자신이 좋아하는 것이 무엇인지 하루빨리 깨달아 공부를 시작하고 매일 자신의 열정을 따라 그 분야의 전문가가 되어야 한다"고 했다. 나는 아직 글쓰기 전문가라고는 할 수 없다. 하지만 내가 좋아하는 것이 무엇인지를 깨닫고 공부를 시작한 지금, 최소한 내 인생이나 내가 가야 할 길, 나의 미래에 대해서는 확신을 한 전문가가 된 것이다.

28살, 스펙이라고는 하나도 없는 졸업 유예생, 심지어 며칠 전 공무원 시험을 때려치운 '백수', 간이역을 찾아 떠나기 직전의 내 상태는 이랬다. 막막함 그 자체였다. 그러나 그 막막함 속에서 비로소 나는 타인의 시선으로부터 내 인생을 분리할 수 있었다. '그래, 어차피 늦은 거 내가 하고 싶은 게 무엇인지나 좀 찾아보자!' 딱 이런 마음으로 시작했다. 어쩌면 이 마음도 타인에게 내 인생이 초라하게 비칠까 봐 '꿈을 찾고 있다'는 그럴듯한 말로 포장한 것일 수도 있다. 하지만 그게 뭐 어떤가? 시작이야 어쨌든 결과적으로 내 인생을 타인의 시선으로부터 어느 정도 분리하는 데 성공했다는 사실이 더 중요한 것 아니겠는가?

프랑스의 소설가 폴 부르제는 "생각하는 대로 살지 않으면 사는 대로 생각하게 된다"고 했다. 현실에 안주하고 합리화하다 보면 더는 자기 인생의 방향을 찾아 떠나지 않게 된다는 뜻이다. 이렇게 되지 않으려면 나라는 사람에 대해 끊임없이 고민하고 도전해야 한다.

50여 년간 과학으로서의 주역을 연구해 '주역 과학'이라는 새로운 개념과 체계를 정립한 주역 학자 김승호는 그의 저서인 《돈보다 운을 벌어라》에서 이렇게 말했다.

"좋은 날은 우연히 찾아오지 않는다. 좋은 운을 만들어야 좋은 날이 온다. 운은 시간을 평범하게 쓰는 사람에게는 절대 오지 않는 법이다. 무엇인가 달라야 한다. 무작정 열심히 사는 것은 좋은 방법이 아니다."

현대 사회에서 열심히 살지 않는 사람은 찾아보기 힘들다. 그런데도 그들이 행복하지 않고, 성공하지 못하는 것은 시간을 남다르게 쓰고 있지 못하기 때문이다. 그저 남들이 사는 대로, 앞사람의 뒤통수만 보고 졸졸 따라가고 있기 때문이다. 그 길에서 좋은 날이 오기만을 기다리고 있는 것은 자기 인생에 대해 너무나 무책임한 태도를 보이는 것이다. 무엇인가 달라야 한다고 했다. 결국, 자기만의 길을 찾아야 한다는 것이다. 자기 인생에 책임감 있는 자세로 내가 행복하려면 어떻게 살아야 하는지 찾아 나서야 한다.

서울대학교 김난도 교수는 《아프니까 청춘이다》를 통해 청춘들에 당부한다.

"잊지 말라. 그대라는 꽃이 피는 계절은 따로 있다. 아직 그때가 되지 않았을 뿐이다. 그대, 언젠가는 꽃을 피울 것이다. 다소 늦더라도, 그대의 계절이 오면 여느 꽃 못지않은 화려한 기개를 뽐내게 될 것이다. 그러므로 고개를 들라. 그대의 계절을 준비하라."

당신이 한 해의 말미에나 꽃을 피우는 겨울의 매화일지라도, 이른 봄에 피어나는 벚꽃을 부러워할 필요가 없다. 당신은 당신의 계절인 겨울을 묵묵히 준비하고, 겨울이 되었을 때 그 화려함을 만끽하면 되는 것이다. 그러기 위해서는 벚꽃이 되기 위해 봄에 피어나려고 애쓸 것이 아니라, 겨울을 위해 차근차근 준비해나가야 한다. 그누구의 눈치도 보지 말고 찬찬히 겨울을 준비하자. 그렇게 해서 피어난 한겨울의 매화는 세상 어떤 꽃보다 아름다울 것이 틀림없다.

내일도 나는 아르바이트를 하러 간다. 생계를 유지하고 계속해서 글을 쓰기 위해서는 돈이 필요하기 때문에 작가가 되었어도 당장 아르바이트를 그만둘 수는 없다. 사람들이 보기에 지금의 나는 그저 아르바이트생일 것이다. 하지만 이제 그런 시선에 전혀 개의치 않는다. 열심히 아르바이트를 하고 있는 것도 나고, 퇴근 후에 노트북 앞에 앉아 글을 쓰고 있는 것도 나이기 때문이다. 나는 그저 묵묵히 나의 계절을 준비할 뿐이다.

코르셋 속에 갇혀 사는 삶은 남들이 보기에 좋아 보일 수 있다. 하지만 스스로에게는 감옥과 같은 답답함만을 안겨줄 것이다. 코르셋을 벗어 던지고 당신의 옆구리 살들에 자유를 선물하자. 조금 늘어지고 울퉁불퉁하면 어떤가. 그게 진짜 '나'인데. 그 옆구리 살을 지적하는 누군가가 있다면 어깨를 한 번 으쓱하고선 당당하게 이야기하자.

내 마음대로 사는 게 뭐 어때서?

아르바이트를
평생직장처럼 일했던 이유

학창 시절 내 짝꿍은 전교 1등이었다. 언젠가 한 번 그 친구에게 물은 적이 있다. 너는 뭐가 되고 싶어서 그렇게 열심히 공부하느냐고. 그 친구는 대답했다.

"뭐가 되고 싶은지 잘 몰라서 공부하는 거야."

나는 이해할 수 없어 재차 물었다.

"되고 싶은 게 없는데 그렇게 열심히 공부한다고? 왜?"

그러자 그 친구가 나를 향해 돌아앉으며 내게 눈을 맞췄다. 시간을 뺏지 말라고 한소리 하려는 줄 알았다. 그러나 그 친구의 입에서는 뜻밖의 이야기가 흘러나왔다.

"나는 아직 되고 싶은 것도, 하고 싶은 것도 없어. 그런데 평생 이렇지는 않을 거 아냐. 그때 가서 성적이 내 발목을 잡으면 안 되잖아. 그래서 미리 대비해두는 거지."

이 친구가 어느 대학에 갔는지, 지금 무슨 일을 하고 있는지 나는 모른다. 다만 뭐가 되었든 분명 성공했을 것이라고 확신한다. 이렇게 말하면 '그렇겠지. 전교 1등이었는데'라고 생각할 수도 있다. 하지만 세상의 모든 전교 1등이 다 성공하는 것은 아니다.

나는 자타가 공인하는 '아르바이트의 신'이다. 내가 이렇게 당당하게 말할 수 있는 것은 '나만의 아르바이트 철학'이 있기 때문이다. 그것은 바로 "아르바이트 잘하는 사람은 무슨 일이든 다 잘한다"는 것이다. 이런 철학을 바탕으로 어떤 아르바이트든지 최선을 다해 일했고, 결국은 어디에서나 인정받는 일류 아르바이트생이 되었다.

내가 아르바이트를 잘하는 이유에 대해 깊이 생각해 본 적이 있었다. 그전까지만 해도 단순히 '눈치가 빨라서'라고 생각했다. 어렸을 때 술에 취한 엄마가 동네에서 자주 난동을 피웠고, 그래서 나는 누구보다 바르게 커야 한다는 강박관념에 휩싸여 있었다. 동네 어른들은 물론이고 선생님, 친구들 등 주변에 있는 모든 사람이 내가 좋은 사람이라고 생각할 만한 행동만 해야 한다고 생각했다. 그러면서 자연스럽게 사람들이 지금 어떤 상황에 부닥쳤는지, 무엇이 필요한지, 기분은 어떤지를 금방 파악하는 '눈치'라는 것을 얻게 된 것이다. 그들이 원하는 바를 한발 빠르게 해결해주면 대외적으로 똑똑하고 빠릿빠릿하며 배려심 넘치는 사람이라는 이미지가 만들어진다는 것을 깨달았기 때문이다.

아르바이트를 할 때도 사람들의 눈치를 많이 보기 때문에 일을 잘하게 된 것이라고 여겼다. 그런데 내가 눈치라고 뭉뚱그려 생각하고 있었던 나의 행동들을 되짚어 봤더니 그 안에도 나름의 단계가 있음을 알게 되었다. 내가 생각했던 눈치 보는 행동은 관심, 파악, 계획, 반복의 네 단계로 나눠서 생각해볼 수 있을 것 같다.

실제로 나는 아르바이트를 할 때 같이 일하는 사람들의 행동이나 동선을 유의 깊게 살피는 편이다. 관심을 가지고 관찰하다 보면 그 사람의 행동 패턴이나 담당 업무에 대한 정보를 얻을 수 있다. 그런 정보들이 쌓여서 같이 일하는 사람이나 아르바이트를 하는 공간, 전체적인 업무의 흐름 등 그곳에서 일어나는 모든 일을 꿰뚫어 볼 수 있게 만들어준다. 이 파악 단계를 넘어서면 일터는 내 역량을 마음껏 발휘할 수 있는 '내 세상'이 된다. 이때부터는 할 일을 스스로 계획해서 행동으로 옮길 수 있다. 이 세 단계를 반복해가며 새로운 정보를 업데이트하다 보니 어느새 나는 아르바이트의 신이 되어 있었다.

예를 들어 보자. 예전에 LG 유플러스 본사의 고객지원팀에서 사무보조 아르바이트를 한 적이 있다. 이 팀에서 맡았던 업무는 대용량의 데이터를 다운로드 받아서 필터나 함수 등을 활용해 각각 목적에 맞는 파일들을 만들고 다시 업로드 해주는, 그야말로 단순 엑셀 작업이었다. 이 일도 처음에는 앞서 말한 바와 같이 관심을 가지고 시작했다. 인수인계를 받는 동안 전임자가 어떤 순서로 일을 진행하는지부터 시작해서 어떤 단축키를 사용하는지 모두 메모했다. 나아가서는 팀원들이 마시는 커피의 종류까지도 관찰하게 되었다. 그러다 보니 사소한 것들이 눈에 들어오기 시작했다. 매일 바닐라라테에 시럽을 추가해서 마시는 여자 사원이 어느 날 인상을 쓰며 아메리카노를 마시고 있었다. 여자라면 누구나 알 수 있다. 이 사원이 다이어트를 시작했다는 것을. 이것을 시작으로 대화를 이어나가다 보면 대화의 영역은 점차 확장되어 그 사원이 맡은 업무까지도 파악하게 된다. 이런 식으로 팀 내에서 나와 상호작용해야 하는 사원들의 업무가 파악되면 그때부터는 하루 업무 스케줄을 효율적으로 계획할 수 있게 된다. 몇 시쯤 어떤 사원이 어떤 파일을 필요로 하는지 알게 되기 때문이다. 이 기본적인 계획을 바탕에 두고, 새로운 업무가 생긴다든지 누군가 연차를 사용했다든지 하는 매일 매일의 새로운 상황을 추가해가면서 반복하는 것이다.

반복 단계에서 중요한 것은 끊임없이 업데이트해야 한다는 것이다. 변화하지 않는 직장이란 없다. 계속해서 관심을 기울여야 하고, 새로운 내용은 업데이트해야 한다. 이런 선순환 구조는 일의 숙련도를 높이는 것은 물론이고 일하는 개인의 만족감에도 큰 도움이 된다. 같은 일을 계속하다 보면 일을 하는 것 자체가 지루해질 수밖에 없다. 특히나 이미 계획 단계에 접어든 사람이라면 더더욱 그렇다. 일이 지루해지면 그 안에서 의미를 찾을 수 없게 되고, 의욕을 잃게 된다. 관심과 파악, 계획의 반복은 새로운 동기를 지속해서 부여함으로써 업무에 대한 개인적인 가치를 계속해서 창출해낸다.

일이관지(一以貫之). 하나의 이치로써 모든 것을 꿰뚫는다는 의미의 사자성어다. 내가 아르바이트를 대하는 태도인 관심, 파악, 계획, 반복의 단계가 나에게는 하나의 이치다. 어떤 일이든 이런 태도로 임하다 보면 다 잘할 수 있게 될 것이라는 확신이 있기 때문이다. 앞서 소개한 학창시절 나의 짝꿍도 마찬가지다. 이 친구가 지금 무엇을 하고 있는지 모르겠지만 분명 성공했을 것이라고 장담할 수 있는 것은, 이 친구는 하나의 이치를 이미 가졌기 때문이다. 아직 무엇인지도 모르겠는 꿈이지만 그를 위해 꾸준히 준비하는 태도, 이것 하나만 봐도 이 친구는 이미 모든 것을 꿰뚫었음을 알 수 있다.

자신감 있는 결정과 재빠른 행동으로 약 3년 만에 슈퍼 리치가 된 알렉스 베커는 본인의 저서인《가장 빨리 부자 되는 법》에서 이렇게 말했다.

"성공한 사람들은 자신의 목표를 규정하고, 실행 계획을 세우고, 작은 실행단계들을 밟아 나갔기 때문에 목표를 달성한 것이다."

중요한 것은 작은 실행 단계들을 밟아 나간다는 것이다. 목표가 아무리 위대할지라도 그 큰 목표를 한 번에 성취할 수는 없다. 모든 목표에는 작은 실행단계가 필요하고, 그 단계들을 제대로 밟아 나가지 못한다면 절대 목표에 가까워질 수 없다. 작은 실행단계는 결국 일상이다. 지금 하는 일에서 가치를 찾고, 매일 반복되는 일상에서 성공을 위한 행동을 해나가야 한다는 것이다.

《인생에서 중요한 건 모두 맥도날드 아르바이트에서 배웠다》의 저자인 가모가시라 요시히토는 맥도날드 아르바이트에 대해 이렇게 말했다.

"사람은 자신이 하는 일을 통해 자신이 세상에 태어난 의미, 자신의 가치와 사명, 살아가는 기쁨 등을 얼마든지 찾아낼 수 있다. 나에게 있어 맥도날드는 그 모든 것을 깨닫게 해준 세상에서 가장 멋진 직장이었다."

'아르바이트에서 무슨 인생의 의미씩이나'라고 생각할 수도 있다. 이렇게 생각하는 사람들에게 묻고 싶다. 그렇다면 당신은 어디에서 인생의 의미를 찾고 있느냐고 말이다. 사소한 것에서 의미를 찾지 못하는 사람은 그 어디에서도 인생의 의미를 찾을 수 없다.

세계에서 가장 많은 저서를 출판했다고 알려진 인생철학서 작가 오그 만디노는 《위대한 상인의 비밀》에서 "실패한 사람과 성공한 사람 사이에는 단 한 가지의 차이가 있을 뿐이다. 습관의 차이가 그것이다. 좋은 습관은 모든 성공의 열쇠이며, 나쁜 습관은 실패를 향해 열린 창문과 같다"고 이야기했다. 그저 시급만 받아 가면 된다는 생각으로 아르바이트를 하는 사람들이 많이 있다. 그런 사고방식으로는 어느 직장에 들어가서 어떤 일을 하더라도 결국은 아무것도 얻을 수 없다. 이미 대충하는 태도가 몸에 베어버렸기 때문이다. 그들의 태도는 이미 실패를 향해 활짝 열려있는 창문인 것이다. 나는 아르바이트를 통해 최선을 다하는 태도, 성공하는 습관을 얻었다. 이것이 바로 내가 아르바이트를 할 때 평생직장처럼 일 했던 이유다.

간디는 "네 믿음은 네 생각이 된다. 네 생각은 네 말이 된다. 네 말은 네 행동이 된다. 네 행동은 네 습관이 된다. 네 습관은 네 가 치가 된다. 네 가치는 네 운명이 된다"라고 말했다. 사소하다고 생 각할 수 있는 믿음이나 생각 하나가 결국 당신의 운명을 좌지우지 한다는 사실을 명심해야 한다.

스티브 잡스는 "우리가 찍는 점들은 어떤 식으로든 미래로 연결 된다"고 했다. 당신은 오늘 어떤 점을 찍어 미래로 보냈는가? 그 점 은 '님'이라는 글자를 '남'으로 만들기도 하고, 'Impossible'이라는 단어를 'I'm possible'이라는 문장으로 만들기도 한다. 아르바이트 역시 점과 같다. 나는 내일도 최선을 다해 아르바이트에 임할 것이 다. 아르바이트라는 점은 나를 성공이라는 미래로 연결해 줄 것이 분명하기 때문이다.

I AM 소지환

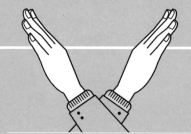

나는 이미
어떤 것도
해낼 힘을
가지고 있다

작가

소지환

현재 'Salesworks Korea'의 광주광역시 지점과 경남 창원 지점을 운영하는 30대 젊은 LEADER로 일하고 있다. 마케팅, 영업 분야에서 특출난 성과를 보이며 순식간에 수십 명의 직원을 거느린 리더로서의 면모를 보여주었음은 물론, 인간관계, 운동까지 만능인 다재다능한 청년이다. 그를 따르는 많은 20대 청년들은 '가장 닮고 싶은 사람'으로 그를 꼽는다.

이런 그이지만 '알바몬'이라는 별명까지 가지고 있을 정도로, 그의 인생에도 힘든 시기가 있었다. 힘든 풍파와 시련을 겪으며, 인생에서 중요한 것들을 '사람'과 '책' 속에 있음을 깨달았다는 그는, 거친 현실 속에서도 굳세게 살아가는 사람들을 위한 희망적인 메시지를 이 책에 담았다. 특별하거나 대단할 것도 없고, 그 흔한 자격증 하나 가지고 있지 않아 좌절하고 힘들어하는 청년들의 마음속에, '나 자신'을 위한 인생을 만들어갈 수 있는 용기를 나누어 주고 싶다고 말하는 그는, 누구나 '내 인생의 주인'이 된다면, 인생의 위대한 업적을 만들 수 있다는 메신저가 되어, 연일 강연과 컨설팅에 바쁜 일상을 보내고 있다.

✳ E-MAIL sjho0720@naver.com
✳ INSTAGRAM @JIHWANSO
✳ FACEBOOK @JIHWANSO

'하고 싶다'와 '할 수 있다'는 마음의 극명한 차이

사람은 누구나 살아가면서 원하는 것이 있고, 하고 싶어 하는 것들을 가지고 있다. 간혹 사람들 중에 "저는 하고 싶은 것이 없습니다"라고 이야기하는 사람도 나에 대해 깊이 생각하면 분명히 하고 싶어 하는 것들이 있을 것이다. 막연하게 생각하면 하고 싶은 것이 없다고 판단되지만, 내가 무엇을 할 때 즐거워하고 좋아하며, 내가 어떤 것을 좋아하는지 파악하면 누구나 그것을 가지고 있다는 사실을 알 수 있다.

그러면 과연 '하고 싶다'와 '할 수 있다'는 것에 차이가 존재할까?' 내가 느끼는 건 분명히 그 차이는 존재한다는 것이다. 심지어 '하고 싶다'는 것을 넘어 '할 수 있다'는 마음은 그에 따른 결과치도 다르게 나타나게 된다. '할 수 있다'는 마음이 운을 만들어내는 가장 기본적인 것 중 하나이기 때문이다.

주변에도 많이 볼 수 있다. "나는 이거 하고 싶어!" "난 저거 하고 싶어!" 이런 이야기는 많이 들어봤을 것이다. 하지만 대부분 그런 이야기만 하고 흐지부지해지는 경우가 많다.

나 역시 그런 사람 중 한 명이었다. 나는 과거에 운동선수 생활을 한 적이 있다. 나름 성적도 나쁘지 않았고 여러 학교에서도 러브 콜이 왔었다. 하지만 내가 하고 싶어 하는 종목은 아니기에, 결국, 운동을 그만두게 되었는데, 학년이 오르면서 축구라는 운동에 더 큰 관심을 두게 되었다. 하고 싶다는 마음이 커서 그런지 어린 나이에 혼자서 훈련도 해보고 축구 동호회까지 가입하면서 운동했는데, 단순히 하고 싶다는 마음만 있었지, 선수로서 도전해보고 싶거나 할 수 있다는 자신은 없었다. 그 결과 그 이상은 갈 수 없었다. 지금도 가끔 아쉬움이 남는다. 최소한 선수로서 도전이라도 해보았다면, 할 수 있다는 마음으로 한번 도전해보았다면, 안 되었더라도 아쉬움과 후회는 남지 않았을 것을….

아마 많은 사람이 느낄 것이다. 하고 싶어 했지만, 정작 할 수 있다는 마음으로 도전하지 못하고 그냥 보내버린 시간, 그리고 세월. 지나고 나서 아쉬움만 남게 되는 상황 말이다. '하고 싶다'는 마음을 넘어서 '할 수 있다'는 마음은 나에게 더 큰 용기와 자신감을 심어주고, 운까지 만들어준다.

내 학창시절을 돌아보면, 내가 좋아서 하는 것보다 남들처럼 그저 주변 사람들이 이야기하는 대로 공부하는 평범한 학생 중 한 명이었다. 고등학교 시절에는 모두 대학에만 관심을 둔다. 한번은 전공 관련된 상담 중 선생님이 질문하셨다.

"나중에 뭘 하고 싶니?"

"어느 대학에 가서 무엇을 전공하고 싶니?"

그 질문을 받았지만, 난 아무 말도 할 수 없었다. 그간 열심히 공부하라는 이야기만 들었지 어느 대학에 가서 뭘 전공하고, 또 어떤 직업을 가져야 하는지 생각하지 못했다. 어쩌면 유치원, 초등학생보다 더 못한 상태는 아니었을까. 최소한 아이들은 허황한 꿈일지는 몰라도 대통령, 의사, 변호사라고 이야기라도 하는데 나는 그것조차 없었다. 부끄러웠다.

이후 난 무엇을 할 때 가장 즐겁고 좋아했는지 생각하는 시간을 가졌다. 한참 생각한 결과 내가 내린 결정은 바로 운동이었다. 그래서 체육 관련 학과에서 공부하고, 이후 관련된 일을 해야겠다고 다짐했다. 이 분야는 자신 있었다.

그러나 부모님 생각은 달랐다. 과거 운동선수로 생활한 모습을 보면서 장기적으로 진로가 밝지 않다고 판단하신 것 같다. 결국 부모님은 내 결정에 반대하게 되었고, 부모님은 대신 최소한의 목표 대학을 가는 조건으로 나는 체육대학을 준비 할 수 있게 되었다.

고등학교 2학년, 운동과 공부를 병행하기는 쉽지 않았다. 교내에 예체능을 위한 반이 따로 있어서 오전에 운동, 오후에 공부, 다시 늦은 오후에 운동, 그리고 야간 공부까지 했는데, 이 모든 일정이 쉬운 일정이 아니었다. 다시 한번 나를 의심하는 순간이 왔다. 그래도 내가 스스로 결정한 것이었고, 그동안 꾸준히 해왔기에 앞으로도 잘 감당할 수 있으리라 다시 마음을 잡았다. 많은 전문가가 인간의 정신과 신체는 연결되어 있다고 말하지 않나.

결국, 할 수 있다는 마음으로 꾸준히 정진한 결과, 내게 엄청난 힘을 주었고, 운도 따랐다. 특히 1년에 한 번밖에 없는 수능시험, 그 중요한 시험에서 원하는 성적을 얻지 못하게 되었고 나는 좌절했었다. 그래도 차곡차곡 쌓아둔 내신 성적, 그리고 그동안 꾸준히 운동한 덕분에 내가 원하던 대학 중 한 곳에 대기 순번이 되었고, 운이 찾아왔는지 그 대학교에 합격할 수 있었다. 나를 믿고 차곡차곡 쌓아 둔 것이 운으로 작용했다고 생각이 든다. 이때 처음으로 하고 싶다는 마음을 넘어서 '할 수 있다'는 긍정의 마음은 나에게 많은 운을 주게 되었다.

그렇다. 모든 인생은 운이라는 것이 작용한다. 능력보다 운이 작용할 때, 순항한다. 이런 운은 내가 만든다. '할 수 있다'는 마음으로 운을 만들어내는, 운을 만나는 작업이 시작되는 것이다. 이 마음은 성실함과 인내를 만들어내고 결국 운을 만나기까지 이르게 한다. 지금 와서 돌이켜보면 이것이 내가 처음으로 경험한 '할 수 있다'는 마음이 가져오는 운의 힘이었던 것이다.

난 성인이 되어 대학 생활을 하면서 또다시 처음 내 모습으로 돌아오게 됐다. 점차 사회라는 현실에 부딪히게 되고, 높은 장벽을 실감하면서 마음껏 생각을 나래를 펼치고 싶은 내 생각을 점점 좁혀오며 제한하게 했다. 할 수 있다는 마음으로 시작되었지만, 할 수 있는 일이 많지 않다는 생각에 이르게 된 것이다. 많이들 경험하는 일이라 생각한다. 누가 그렇게 말하지 않았지만, 나 스스로 제한선을 만들어버린 것이다. 그러면서 하고 싶어 했던 것들이 있었지만, 정작 해보지 못하고 보내버린 것이 너무 많아졌다. 그리고 후회만 쌓였다.

결국 난 체육 관련 일을 하지 못하게 됐고, 26살 나이에 새로운 업무를 찾아 사회에 첫발을 내딛게 되었다. 여러 가지 생각에 제한을 두었기 때문에 업무를 고를 때에도 시간이 꽤 걸렸지만, 막상 일을 수행할 때도 많은 어려움이 있었다. 하고 싶었지만, 마음에 '내가 과연 할 수 있을까?' 의심이 비집고 들어왔다. 그때 나를 바꿔준 것이 바로 책이었다.

평생 책 한 권 제대로 읽어보지 않았던 나였기에 독서가 익숙하지 않았고, 불편하기까지 했다. 그러나 주변에서 책을 통해 많이 깨달았다는 이야기를 들으며 추천받은 책이 있었다. 소프트뱅크의 손정의 회장의 전기에 관한 책이었다.

그분의 책을 읽으면서 나는 한 대 얻어맞는 기분이 들었다. 그분이 만든 인생 50년 계획이 있었다. 20대에 이름을 알리고, 30대에 사업자금을 모으고, 40대에 사업에 승부를 걸고, 50대 사업모델을 완성하고, 60대에 다음 세대에게 사업을 물려준다는 것이다. 이 계획은 한창 공부에 전념할 10대 때 만든 것이라고 한다. 그때 느낀 것이 있다. 앞으로 어떻게 될지 모르는 인생이지만, 이만한 꿈을 갖고 계획을 세워 이뤄내는 과정에 '할 수 있다'는 자신감이 그를 사로잡았던 것 같다. 결국 그는 자신이 원하는 방향으로 인생을 만들어냈다.

나도 다시 한번 도전하게 되었다. 솔직히 두려웠다. '나도 할 수 있을까'라는 생각이 들었다. 이분처럼은 아니지만, 최소한 지금 내가 하는 일을 잘 수행할 수 있는 사람이 되고 싶었다. 그래서 다시 마음을 잡아 '할 수 있다'고 생각하기로 마음먹었다.

신기한 일이 일어나기 시작했다. 다만 마음만 먹었을 뿐이었는데, 할 일이 떠오르고, 차곡차곡 일이 진행되었다. 과거 내가 고등학생 시절에 경험했던 것처럼 여러 가지 운이라 할 만한 기회가 찾아왔다. 좋은 사람들, 좋은 결과가 온 것이다. 이러한 계기로 나는 늘 입버릇처럼 무언가를 할 때, "나는 할 수 있다"고 암시하게 됐다.

내가 참 좋아하는 구절이 있다. 가난한 집안에서 태어난 브라이언 트레이시의 책에서 나오는 내용이다. "항상 나는 나를 사랑한다." "나는 할 수 있다"라고 자기 암시를 하는 것이다. 이 암시는 작은 구멍이 난 바퀴에 지속해서 바람을 불어넣는 역할을 한다. 아무 것도 조치하지 않으면 바람은 계속 새나가게 된다. 그래서 우린 자신감이라는 바퀴에 바람을 계속 넣어야 한다. 이러한 과정을 직접 꾸준하게 실천해 보니 운이라는 게 찾아온다는 사실을 겪게 되었다. 내 인생에 또 한 번의 전환점이 되었다.

지금도 많은 사람이 과거의 나처럼 생각하고 있지 않을까. 그냥 하고 싶다는 마음만 가지고 있다면 너무 아까운 시간이 하염없이 흐를 뿐이다. 너무 아쉽지 않나. 넘어지는 한이 있더라도 한번 시도 해보고 이왕 시작했다면, 할 수 있다는 마음을 가져보는 것은 어떨까. 그러면 내가 얻어갈 수 있는 것이 많이 생긴다. 인생에 좋은 경험, 좋은 사람, 좋은 결과물이 우리에게 찾아오게 된다.

지금도 여전히 하고 싶은 일이지만, 그냥 지나친 것들이 많지 않을까. '과거에 그 일을 하면 좋았을 텐데' 생각하며 후회하고 있지는 않나. 무엇이든 하고 싶은 것이라면, 지금 당장 '할 수 있다'는 마음으로 차곡차곡 쌓아가 보자. 그러면 후회 없는 인생이 될 뿐 아니라 당신에게도 '운'이라는 게 선물처럼 찾아올 것이다.

딱 3년만,
제대로 미쳐라

주변 어른들에게 많은 듣는 이야기가 있다. 무슨 일이든 3년만 해보라는 것이다. 3년만 한 가지 일에 제대로 집중하면 정신적인 부분에 큰 향상을 만들어낸다고 한다. 우리 주변에 성공한 사람들을 보면 '저 사람은 어떻게 저런 상황에서도 끝까지 할 수 있었을까?' 하는 의문을 품게 되기도 한다. 책에서도, 요즘 유행하는 SNS에서도, 그것이 가능한 것은 3년을 집중하며 그만큼 정신이나 관점에 특별함을 만들어낸 것이다. 결론적으로 이는 문제를 해결하는 힘과 지혜가 된다.

우리 인생은 순탄하기보다 여러 가지 문제가 생기기 마련이다. 아무리 지식이 풍부하고, 머리가 좋아도, 건강을 자부해도 문제는 늘 예기치 않게 다가온다. 중요한 것은 이런 문제가 왔을 때, 우리가 어떤 자세로 대처하는가에 있다. 인생에 가장 중요한 부분 중

하나다. 3년간 한 가지를 제대로 해나가면 문제를 해결해나갈 능력, 즉 나만의 관점을 갖추게 된다.

원래 나는 잘 포기하는 성향이었다. 작심삼일의 대가라 할 정도로 무엇이든 꾸준히 진득하게 하지 못했다. 그나마 학창시절에 공부는 꾸준히 할 수밖에 없었다. 그러나 수업 듣는 것이 전부였고, 시험 기간에 쏟았던 공부가 전부였다.

최근 유튜브에서 강연을 보다가 공부의 신 강성태 씨의 이야기에 많은 공감이 되었다.

"학생들이 왜 공부를 못한다고 생각하세요? 우리 아이는 공부 머리가 아니라고, 소질이 없거나 공부를 많이 안 한다고 하는데, 중요한 것은 공부하지 않아서 그래요. 그러면 평소에 공부를 많이 하지 않는데, 성적이 잘 나오는 학생은요? 그 학생은 매일 꾸준히 공부해서 그래요. 꼭 시험을 봐야 공부하는 것이 아니라 꾸준하게 공부해서 그래요. 그 전에 이미 충분한 역량을 쌓아놓아서 그래요."

현재 내가 많은 것을 배운 사람이 되지 않았으면 공감하지 못할 수도 있지만, 매일 꾸준하게 쌓는 것에 대한 중요성을 알기에 많은 공감이 되었다.

대학 시절, 나는 꾸준하게 한 것이 손에 꼽힐 정도다. 남들보다 더 열심히 놀았던 기억밖에 떠오르는 게 없다. 특히 내게 도움 되는 것이라면, 꾸준하게 한 것이 없다. 처음 아르바이트를 했을 때도 나는 1년 이상 해본 적이 없었고, 전공을 공부할 때도 꾸준하지 못했다. 그래서 난 대학교 졸업장 하나, 자격증 하나가 전부였다. 그 흔한 해외여행이나 동아리 활동도 하지 않았고, 토익이나 토플 같은 외국어 시험 성적도 없다. 인턴십도 제대로 해본 적이 없다. 여러 가지 이유로 핑계 댈 수 있겠지만, 결과를 보면 그렇다. 난 꾸준히 해낸 게 없다. 그저 나는 잘 노는 사람으로 통하는 사람 중 한 명에 불과했다.

처음 좋은 기회가 찾아와 사회생활을 시작했지만, '얼마나 버틸 수 있을까?' 하는 걱정이 될 정도였다. 이렇게 불안한 채 사회생활을 시작했다. '지난 26년간 변하지 않은 내 모습이었는데, 얼마나 바뀔까?' 이런 생각도 있었다. 하지만 나에게 변화의 계기가 찾아왔다. 비록 지금까지 변하지 않았지만, 이제는 한번 바꾸어보자고 결심하고, 꾸준히 수행해야 할 명분이 생겼다. 나보다 한 살 많은 대표분을 만난 것이 그 계기였다.

처음 그분을 만났을 때, 신기하고 새로운 경험이었다. '나와 한 살밖에 차이나지 않는 사람이 어떻게 이런 기업의 대표가 되었을까?' 이러한 생각이 들었고, 어느 순간 나도 그와 같이 행동하고 싶은 마음이 꿈틀대기 시작했다. 일반적으로 어느 분야에서 전문가가 되려면 1만 시간이 필요하다고 하니, 적어도 3년간 꾸준한 삶을 살아보자고 다짐하게 됐다. 3년이 되어 원하는 곳까지 가지 못할 수도 있지만, 최소한 무언가 한 가지 꾸준하게 해낸 것이고, 그래도

20대이니 다시 도전할 수 있는 나이다. 절대 아깝지 않은 시간이라는 생각이 들었고, 꾸준하게 했다는 그 성취감을 누려보기 위해 나름 큰 결정을 내렸다.

관성이라는 건 거스르기 쉽지 않은 법, 나 역시 처음에는 어려움이 있었다. 원래 내 모습으로 되돌리고자 하는 무언가의 힘이 나를 당기고 있었고, 조금만 정신을 놓으면 빨려 들어갈 것만 같았다. 조금 더 쉬고 싶었고, 조금만 일하고 싶었다. 이런 마음 때문인지 때때로 포기하고 싶었다. 사람들과의 관계도 쉽지 않았다. 모든 것이 내게 씨름의 대상이었다.

그래도 스스로 약속한 3년이란 기간을 채워보자는 결심을 다시 새롭게 했다. 3년을 채워야 하는 여러 가지 이유를 만들었고, 그 이후 내가 관리자가 되어야 하는 이유를 찾아냈다. 그리고 내가 가장 잘 볼 수 있는 공간에 그 목표를 붙여서 보았다. 마음이 약해져서 포기하고 싶어질 때마다 계속 그 글을 보곤 했다.

혹자는 이런 질문을 할 수도 있겠다.

"3년이 되어서 관리자가 안 된다면, 그 시간이 아깝지 않을까?"

그러나 그 시간에는 의미가 있다. 내가 깨닫는 것이 귀하기 때문이다. 태어나서 처음으로 3년간 꾸준히 했다는 사실에 만족감과 성취감을 느낄 것이다. 또한, 그간 쌓이는 나만의 스킬, 경험을 토대로 앞으로 많은 것을 할 수 있을 것이란 생각이 들었다.

알리바바의 마윈 회장은 10대 때 열심히 공부하고, 20대엔 최대한으로 배우면서 나를 가꾸고, 30대에 접어들면 내가 선택한 분야에서 최고가 되라고 했다. 이 이야기처럼 내게 20대는 나를 가꾸고 최대한 배우는 시간으로 삼게 됐다.

물론 포기하고 싶을 때가 있었다. 하지만 때마다 좋은 사람을 만나 조언을 들었고, 좋은 책을 통해 문제를 해결하게 됐다. 나보다 더 극한의 상황에 있던 사람들을 생각하면서 3년이란 시간은 충분히 인내할 수 있을 거란 생각이 들었다.

신동일의 《한국의 장사꾼들》이란 책이 있다. 장사하는 다양한 사람들의 이야기가 담긴 책이다. 이 책에 나오는 사람들은 장사로 성공한 사람들인데, 다들 다양한 분야에서 일하는 사람들이지만, 공통점이 있었다. 모두가 힘들어 지치는 시점이 있었다는 것이고, 모두가 꿋꿋하게 버텨냈다는 것이다. 이를 통해 모두가 자기 분야에서 성공이라는 걸 만들어냈다. 3년이란 하나의 숫자에 불과하다. 내가 목표로 하는바, 목표하는 기간까지 얼마나 꾸준하게 할 수 있는가, 이것이야말로 관건이라는 생각이 들었다.

2년 차가 되었을 때도 신체적인 고통과 정신적인 고통이 동반되어서 나의 의지의 끈을 놓고 싶게 하는 순간이 꽤 있었다. 하지만 이것 또한 하나의 과정이고, 풀어야 할 숙제라고 생각했다. 사람들은 환경을 탓한다. 우리 회사가 이렇다거나 같이 일하는 사람을 나만의 기준으로 평가하고 불평한다. 한국 경제도 거론하지만, 피할 수 없는 것들뿐이다.

하지만 이러한 상황에서 나만의 해결책을 만들 수 있다. 3년이라는 시간에 한 가지 분야, 한 가지 일을 했을 때, 얻을 수 있는 하나의 능력이라는 생각이 든다. 실제로 나는 3년이 되었을 때, '운'이란 게 찾아왔다. 내가 원하는 관리자가 된 것이다. 3년의 세월에 경험해 본 적 없는 일이었으나 관련 분야에서 여러 경험을 많이 하게 되었고, 일을 처리하는 데 나만의 방법도 터득하게 되었다. 이렇게 문제를 해결하다 보니 관리자라는 목표에 도달하게 됐다.

지금도 관리자로서 맡겨진 일을 잘 수행할 수 있는 이유는 그동안 꾸준하게 축적한 것들이 많기 때문이다. 그리 대단하지 않더라도 꾸준하게 생활하면 자연스레 찾아오는 것이다. 이처럼 성실함은 최고의 무기다.

평소 아침에 일찍 일어나는 것은 아주 중요하다. 쉬는 날에 잠을 보충하기도 하지만, 난 늘 움직이며 무언가를 한다. 시간이 소중하기 때문에 허비하고 싶지 않기 때문이다. 내게 주어진 하루하루를 후회 없이 보내고 싶다. 왜냐하면 그동안 너무 많은 시간을 노는 데, 자는 데 써왔기 때문이다.

그리고 약속 시각을 지키는 것을 중요하게 생각한다. 어떤 사람은 사람 간의 약속을 쉽고 가볍게 생각하는 경향이 있지만, 좋지 않은 태도다. 돈으로 시간을 살 수 없다는 말은 많이 들어봤을 것이다. '에이~ 10분 정도야!'라고 생각하겠지만, 10분씩 30일이면 300분이고, 10분씩 1년이면, 3,650분이다. 시간으로 환산하면 60시간이 된다. 60시간이면 2시간짜리 영화를 봐도 30편의 영화를 더 볼 수 있고, 소중한 사람과 여행도 갈 수 있다. 별거 아닌 시간처럼 보이지만, 그만큼 시간을 더 모으면 더욱 가치 있게 쓸 수 있는 것들이 많이 있다.

마지막으로 사람은 완벽하지 않기에 겸손하고 항상 공부하고 배우려는 자세가 중요하다. 독일의 유명한 철학자 니체가 말하길 "인간은 본성상 망각하는 동물이다"라고 하지 않았는가? 그 말은 인간은 어떤 것들을 배워도 지속하지 않으면 잊어버리고 까먹게 된다는 사실이다. 예를 들어보자, 고등학교 시절 누구나 수능을 준비했을 것이다. 그러나 지금 당장 수능시험을 보라고 하면 과연 그 당시 점수를 받을 수 있을까? 물론 시간이 얼마 지나지 않았다면 가능할 수 있겠지만, 1~2년만 지나도 대부분 기억나지 않는 현실이다. 나 역시도 그렇다. 그래서 3년간 다짐하며 살아온 지난 삶에서 느낀 것은 끊임없이 배우려는 자세가 중요하다는 것이다.

이 세 가지를 토대로 다양한 것들을 꾸준하게 해왔을 때 비로소 관리자의 자리에 갈 수 있게 되었고, 설상 내가 관리자가 되지 않았다고 하더라도, 이러한 삶을 토대로 무엇이든 더 많은 것을 해낼 수 있는 자신감이 만들어질 것이다. 그래서 어떤 분야든 어떤 일이든지, 3년간 꾸준히 다짐하고 수행해온 시간이 내 인생에 많은 도움이 되었다. 누구에게나 큰 도움이 될 것이다.

누구나 각자의 인생 가운데 알차게 보냈거나 허비한 시간도 있겠지만, 모든 시간에 의미가 있다. 우리가 기왕 사용하는 시간이라면 무엇인가 배우고 얻어가는 것이 좋지 않겠는가. 그러면 한 분야에 전문가가 될 수 있도록 3년이라는 시간을 꾸준히 채워보길 권한다.

리더(Leader)를
리딩(Reading)하라

관리자가 된다는 것은 리더가 되는 것이고 어느 한 조직의 대표가 되는 것이다. 나는 사람을 이끄는 일 그리고, 리더가 되고 싶었던 사람으로서, 현재 한 조직의 리더가 되어 있다. 하지만 나는 리더라고 하는 사람들의 성향과 조금 거리가 멀다. 낯가림이 심하고, 어떤 특정 주제에 관한 발표를 잘하지 못하는 사람이다. 간혹 나에게 발표를 권할 때면, 부끄럽지만 얼굴이 빨개지고, 말은 하지만 당황한 기색이 역력하다. 하지만 지금은 많은 청중 앞에서 이야기하고 있다. 누군가에게 도움을 주는 사람으로서, 누군가를 이끄는 사람이 되어 있다.

맨 처음에 리더가 되어 누군가 교육을 해야 할 때면, 나는 두서없이 내 느낌대로 이야기를 했다. 그래서 나와 맞는 사람, 혹은 내 이야기를 좋아하는 사람에게는 도움이 되었지만, 내 성격이나 성향과 잘 맞지 않는 사람들이라면 잘 이끌지 못했다. 그래서 많은 사람을 관리했지만, 내 기준 안에서 내 생각 안에서만 판단하다 보니 많은 사람을 잃기도 했다. 처음에는 잘 따르지 않는 사람을 이해하지 못했지만, 어느 순간 내 문제가 가장 크다는 것을 깨닫게 됐다.

어느 관리자를 보면 나와 다를 게 없는 사람인데, 더욱더 젊은 패기와 열정이 있었고, 많은 사람이 함께하고 있었다. 한편, 나를 돌아볼 때, '나에겐 왜 그런 영향력이 없을까?' 생각하게 됐다. 그래서 리더십 관련 책을 읽게 됐다. 하나하나 내게 부족한 부분을 알게 되었고, 책에서 권하는 내용에 따라 실천하게 됐다. '이제는 잘되겠지' 하는 마음으로 실천하면서 효과를 보기도 했으나 내가 기대하는 수준에 이르지는 못했다. 그래서 고민이 더욱더 깊어졌는데, 그때 읽은 책 한 권이 내게 많은 깨달음을 주었다.

링크드인의 공동 설립자인 리드 호프먼의 책 《어떻게 나를 최고로 만드는가》는 제목부터 인상이 깊었다. 내게 큰 도움이 될 것 같은 느낌을 받아 바로 구매하여 읽기 시작했다. 정말 좋은 내용이 담겨 있는데, 그중 가장 기억에 남는 것이 인맥에 관한 내용이었다.

일반 사람의 현재 수준은 내가 자주 연락하고 만나는 사람의 평균이라는 이야기였고, 80대 20 법칙, 즉 80%는 내가 불편하거나 배울 수 있는 사람들이고, 20%는 평소 만나는 사람들이라는 내용이었다. 순간 깨달음이 왔다. 무릎을 '탁' 치며 '바로 이거야!' 하는 내용이었다. 실제 내가 주로 연락하고 만나는 사람들은 관리자가 아니다. 내가 편안하게 술 한잔 기울이기 좋은 사람들이 대부분이었다. 나는 스스로 관리자가 되고 싶다고 했지만, 정작 관리자들과 소통하는 시간이 없던 것이다.

그 후, 무례할 정도로 관리자들을 만나며 괴롭히기 시작했다. 하루는 주말 저녁에 집 앞에 찾아가서 만나기도 했고, 그들이 있는 장소에 직접 방문한 적도 많았다. 내게도 귀찮은 일이고, 불편하기도 하다. 하지만 내가 원하는 목표가 있었고, 그 삶을 만들기 위해 그 정도라면 감수할 수 있었다. 사실 목표한 바를 성취할 수 있을지 모르지만, 시도하지 않고 보내는 것보다 최소한 시도라고 해보는 것이 좋다는 판단을 했다.

그렇게 6개월이 지나고 나는 새 직급으로 올라가 한 팀의 리더가 되었다. 그 후 이러한 과정을 통해 1년이 지난 시점에 나는 한 지역의 대표가 되었다. 지속해서 성장하며 평온하면 좋겠지만, 문제라는 건 늘 안정되고 평온할 때 찾아오기 마련이다. 한 지역을 운영하면서 예전에 내가 해오던 리더십 공부와 인생의 서클인 인맥을 형성하지도 않았다. 결국 내가 원래 해오던 모습으로 바뀌어 안주하게 됐다.

내가 그렇게 과거로 돌아가니, 관계도 그것에 맞게 변했다. 많은 사람이 나를 떠나게 됐고, 심지어 경쟁사까지 만들어졌다. 그 당시 나는 안일한 생각으로 그 사람들을 탓하기 시작했고, 내 마음속 알게 모르게 비난하는 마음이 일어나기 시작했다. '어디 잘 되나 보자'라는 심보가 자리 잡았다. 그때를 돌이켜보면 관리자에, 한 지역의 대표였는데, 참 많이 부족한 생각을 하고 있었다는 생각이 든다.

3개월 정도 지났을까? 더는 사람이 들어오지 않고, 나가지도 않는 상황이 찾아왔다. 그야말로 정체기가 됐다. 이 시점에서 뭔가 해결책을 만들어야 했다. 그 당시 나를 다시 한번 일깨워준 사람이 있다. 스노우폭스의 대표 김승호 회장님이다. 우연히 누군가의 추천으로 〈꼴통쇼〉라는 프로그램을 보게 됐고, 나는 거기에서 한 명의 인생의 스승을 만나게 됐다. 그분의 말과 행동, 생각을 보면서 내가 닮고 싶은 리더상이라는 사실을 발견하게 됐다.

그 후 그분에 관한 정보를 얻으려고 그분이 쓴 책을 읽기 시작했다. 여러 책을 읽으면서 내게 큰 영감을 준 것이 있다. 그분이 기업을 이끄는 순수한 목적에 관한 것이다. 흔히들 기업을 운영하거나 사업을 하면, 이윤을 많이 남기는 것만 목적이라 한다. 그래서 사업가가 되려는 사람들 이야기를 들어보면, 돈을 많이 버는 것 부를 쌓는 것 목적만 가지는 경향이 있다. 하지만 김승호 회장님은 기업을 운영하는 순수한 목적, 자신을 통한 긍정적인 사회를 만드는 것, 안락하고 윤택한 삶을 영위하는 것을 바라보며 사업하는 것이다. 이런 회장님의 이야기를 들으면서 진짜 기업을 운영하는 순수한 목적이 우선이 되어야 한다는 생각이 들었다. 돈은 하나의 수단에 불과했다.

내가 궁극적으로 이루고 싶은 사업가의 목적이라 하면, 사람을 꼽는다. 사람들을 만날 때 즐거웠고, 사람들이 내게 고마움을 느낄 때 행복했고, 사람들에게 도움을 주었을 때 기뻤다. 내가 원하는 기업가의 모습이 바로 이런 것이다. 이렇게 되려면 내가 먼저 사람을 이해하고 감사하는 마음을 갖고 상생하는 기업을 만들어야 했다.

이렇게 마음을 먹게 되니 그전에 나를 떠난 사람들, 경쟁사를 만든 사람들을 행했던 비난을 그치게 됐다. 내가 더 좋은 것을 주지 못해 나를 떠나게 되었다고 생각하니 비로소 그들을 이해할 수 있게 됐다. 당장 바로 이해하기는 쉽지 않았지만, 이러한 노력을 하니 더욱더 넓은 마음을 갖게 됐다.

또한, 과거 나는 불행하고 좋은 집안 환경에서 태어나지 못한 탓에 열등감이 가득했는데, 감사 일기를 쓰면서 마음의 태도가 달라졌다. 지금껏 건강하게 살아왔고, 두 발로 걸을 수 있고, 두 눈으로 세상을 바라볼 수 있다는 것에 감사하게 됐다. 심지어 작은 일에도 감사할 수 있다는 사람이 많다는 것을 깨닫게 되면서 긍정적인 마음의 태도를 보이게 됐다. 이 마음을 갖게 되니 신기한 일이 벌어졌다. 내게 사람들이 찾아오기 시작했고, 좋은 사람들을 만나고 지금껏 그들과 관계를 유지하고 있다.

지금도 나는 리더로서 과거에 실패를 경험한 것에 감사를 느낀

다. 왜냐하면 실패하지 않았다면 미처 알지 못한 것들이기 때문이다. 그리고 내가 지금 이 정도의 리더로 성장할 수 있던 것은 많은 책을 통해 깨달음을 얻었고, 여러 사람을 통해 많이 배울 수 있었다. 지금도 여전히 성장할 여지가 많다. 더욱 많이 배우면서 살아가고 싶다.

내 인생의 궁극적인 목적은 사람이다. 더 많은 사람에게 도움을 주고, 더 많은 사람과 함께하며, 그 사람들이 또 다른 사람을 성장시키는 사람으로 성장하게 하는 목표가 있다. 이것을 바라보며 지금도 많은 것을 배우려고 한다. 배움에 시작은 있지만, 끝은 없다는 말을 가슴 속 깊은 곳에 심어두고 산다. 그간의 배움이 실제 내 삶에 많은 영향을 끼쳤고, 앞으로도 더 큰 사람이 되기 원하는 마음 때문이다.

누군가 내게 삶의 방향에 관해 조언을 구한다면, 자신이 원하는 삶을 이미 살아가는 사람, 혹은 그러한 방향 따라 살아가려고 노력하는 사람을 만나길 추천한다. 사람과의 만남에 영향력은 꽤 크다. 그러한 존재가 내게 거울이 되어 나 또한 깨닫고 실행하게 될 영역이 생기고, 내 삶이 변화되는 시점이 만들어진다. 그 방향을 따라 살아간다면, 결국 성공한, 성장한 그 삶이 내 삶이 되어 점차 스며들 것이다.

그대, 자기 결정권을 가지고 살고 있나요?

나는 "내 삶에서 나의 자기 결정권을 가지고 산다"라는 말을 무척 좋아한다. 자기 결정권이란 말을 처음 접한 건 지금도 롤 모델로 삼고 있는 김승호 회장님의 어느 강연이었다. 그곳에서 자기 결정권을 늘려야 한다는 이야기를 듣게 됐다. 내 인생에 선택하는 데 있어서 스스로 결정하는 권한을 더 늘려야 한다는 이야기인데, 특히 시간과 돈에서 자기 결정권을 만들어야 한다고 했다.

어린 시절을 돌아보면, 우리는 꽤 많은 자기 결정권을 갖고 있었다. 원하는 것을 살 수 있었고, 원할 때 밥을 먹을 수 있었고, 원할 때 잠을 자고, 놀 수 있기도 했다. 하지만 점차 성장하고 사회에 발을 내디디면서 우리는 당연히 가지고 누려야 할 자기 결정권을 잊어가게 되었고, 내 안에 깊숙한 곳에 숨어버리게 되었다.

왜 이렇게 됐을까? 어린 시절엔 꿈에 부풀어 살았었다. 대통령, 과학자, 연예인 등을 너무나도 쉽게 꿈꾸지 않았는가. 하지만 현실에 부딪히면서 세상과 타인에 의해 상실되는 경우가 많은 것이다. 사람들은 대부분 중학교, 고등학교 시절에 공부하며 보냈을 것이다. 그러나 원해서 공부하는 경우는 많지 않았을 것이다. 꿈을 이루기 위해 공부하기보다 좋은 대학에 가야 해서, 혹은 좋은 전공을 선택하기 위해 그리고 좋은 기업이나 좋은 직장을 가지기 위해 공부하는 경향이 있다. 이러한 과정에 내가 선택하기보다 부모님이나 선생님, 주변인들, 결국 타인의 이야기를 통해 결정했을 것이다. 혹자는 "여기가 최고야!"라는 말에 솔깃해서 결정한 경우도 있을 것이다. 결국, 우리는 자기 결정권을 잃어버렸다. 사회와 주변인이 원하는 삶을 살아가게 되고, 그로 인해 인생의 참 행복을 누리지 못하게 된다.

대학 생활도 마찬가지다. 관심 있는 분야에 도전하고 싶은 마음이 있지만, "이런 건 좋지 않아!" "위험해!" "그걸 왜 하는데?" 등 주변 사람들의 말에 눌려 정작 도전하며 경험하지 못한 것들이 많을 것이다. 가장 많은 경험이 필요한 시기인데, 오히려 아쉬움만 남게 되는 시기가 된다.

실제로 나 또한 20대를 주변인의 말에 의해 내 삶을 결정하다 보니 아쉬움이 많이 남는다. 그때 조금 더 내 하고 싶은 것 할 걸, 그때 조금 더 도전을 해 볼 걸, 하는 생각들을 가지고 있을 것이다.

인생을 돌아볼 때 아쉬움이 남는 인생을 살고 싶은 사람은 없을 것이다. 다른 사람의 말에 의해 내 인생을 결정하고 싶은 사람도 없을 것이다. 나는 현재 자기 결정권을 갖고 살아가는 사람 중 한 명이 되었다. 지금은 나 나름대로 만족한 삶을 살아가고 있다. 내가 원하는 일과 내가 원하는 삶을 살고 있기 때문에… 그러면 미련을 남기지 않고 내가 원하는 삶을 주체적으로 살아가려면 어떻게 해야 할까?

첫 번째, 내가 원하는 삶에 대해서 생각하고 적어보기를 추천한다.

내가 원하는 삶을 살기 위해서는 내가 가야 할 방향성을 만들어야 한다. 현재의 삶의 드넓은 태평양이라고 생각해보자. 그리고 나는 바다 위에 떠 있는 배다. 이 배가 나아가려는 방향을 설정하지 않으면 그 배는 바람과 파도에 의해 이리저리 흔들리게 될 것이다. 여기서 나오는 바람과 파도는 타인의 말이다. 정해진 곳 없이 흔들리고, 부서지고, 심하면 침수될 수가 있는 상황이다. 어디로든 움직이지 않는다면 그렇다. 그래서 우리는 어떻게든 무엇이라도 해보려고 움직인다. 하지만 내가 정박을 할 곳이 없기에 계속 떠돌아다니게 된다. 이것이 현재 대다수 사람의 모습이다.

그래서 내가 원하는 삶에 대해서 진지하게 고민하면서 글로 구체화하여 적어보고, 그것을 상상하면서 자기를 점검해야 한다. 마치 바다 한가운데 있는 배가 지도로 자기 위치를 늘 확인하듯, 내가 가야 할 곳을 바라보면서 매일 자기 위치를 점검하고 파악해야 한다.

두 번째, 결과보다는 과정에 많은 의미를 두어라.

현재도 빠르게 흘러가는 사회 속에 나 역시도 빨리 나만의 삶, 내가 누릴 수 있는 나만의 자기 결정권을 갈구한다. 하지만 결과보다 현재의 과정을 먼저 쌓는 것에 의미를 두어야 한다. 빨리 가려고 편법을 쓰거나, 빨리 움직이기 위해 만발의 준비를 하지 않으면, 가다가도 언제든 무너지기 마련이다. 그렇기 때문에 결과는 관대하지만, 과정은 집요하게 파악하여 계속 전진하게 해야 한다. 우리의 삶에 완성판은 없다고 생각하자. 계속 실행하고 피드백 하고 수정해 나아가는 것이다. 그러면서 내가 원하는 방향대로 나아가게 되고, 내가 설정한 수준까지 점차 도달하게 되는 것이다.

혹시 아스팔트 위에 핀 꽃을 본 적이 있는가? 아스팔트는 꽃보다 훨씬 강하다. 꽃으로 아스팔트를 부실 수 없다. 하지만 아스팔트 위에 피어있는 꽃들을 종종 보게 된다. 어떻게 가능했던 것일까? 아스팔트가 깔리기 전, 씨앗의 상태에서 오직 하나의 목표만 바라보며 시작했기 때문이다. 이 씨앗은 꽃을 피우겠다는 목표 의식을 갖고 그 방향 따라 장애물을 넘어 꽃을 피우고야 말겠다는 집

넘이 그렇게 만든 것이다. 따라서 시간이 걸려도 꾸준하게 과정에 집중하고 충실하면 결국 선명한 결과를 만들어낼 것이다. 따라서 결과보다 과정에 충실하고 그 과정에 의미를 두는 것이며, 그 과정의 피드백을 통해 수정해 나가 목표로 나가는 것이다.

마지막 세 번째, 절대 포기하지 않는 것이다.

우리는 하다가 포기하는 것들이 너무도 많다. 나는 내가 좋아하는 운동선수의 꿈을 포기했다. 내가 그토록 원하던 것이었지만, 포기했다. 그 이유는 주변 사람의 말에 의해 내 삶의 결정을 내렸기 때문이다. 이처럼 우리는 타인의 시선에 너무 많이 신경 쓴다. 그렇다고 무작정 주변의 조언을 듣지 않는 상태에서 내 길만을 걸어가라는 의미가 아니다. 우리는 사회적 동물로서 타인을 무시하며 살아갈 수 없다.

내 삶의 목표는 스스로 정하되 주변인의 말은 하나의 의견으로 참고하면 좋다. 타인의 말이 내가 결정하는 것에 결정적인 영향을 미치면 안 된다. 여러 가지 조언을 종합적으로 참고하여 결국 나 스스로 결정해야 한다. 최소한 내가 하고 싶었던 것까지 포기하면 안 된다는 것이다. 내가 지금 20대라면, 앞으로 40년 정도 일해야 하고, 30대라면, 30년 가까이 일해야 한다. 따라서 삶의 방향을 잡는 것은 참으로 중요하다. 그래야 후회 없는 인생을 살아갈 수 있으며, 내게 주어진 삶에 진심을 쏟을 수 있다.

이 과정에 내가 목표한 수치에 도달할 때까지 절대 포기하지 않는 태도가 참 중요하다. 내가 원하는 목표를 향할 때, 늘 난관에 부딪히고, 그것을 막으려는 장애가 있기 마련이다.

과거 어느 프로그램에서 이영표 선수의 유년 시절부터 지금까지의 모습을 보여주었다. 난 이영표 선수를 좋아하고 높이 평가한다. 이유는 간단하다. 유년 시절 선수로서 생활한 그는 축구를 좋아했고, 축구를 가장 잘하는 사람이 되고 싶어 했다. 정말 잘하는 선수가 되고 싶었기에, 그는 다른 사람보다 일찍 일어나 훈련을 했고, 경기 때마다 부족한 역량을 향상하기 위해 남들보다 더 일찍 일어나 훈련했다고 한다. 그리고 결국 대학교 팀에서 주장이 되었고, 나름 유망 선수로 성장했다. 하지만 자기보다 늦게 시작한 후배들이 국가대표가 되는 것을 바라만 보던 시절도 있었다. 자신도 '내가 과연 계속 축구 경기를 하는 것이 맞을까?' 하는 생각도 했다고 한다. 지난 세월에 노력한 것들이 필요 없게 되었다는 생각마저 들게 되었다고 한다. 하지만 그는 부족한 부분을 더 채우면서 늘 준비하고 있었고, 결국 기회가 찾아왔을 때 국가대표가 되었다. 대한민국에서 12년 동안 그의 위치는 확고했다.

이처럼 우리 삶에도 수많은 난관이 찾아온다. 내 삶을 가로막는 장애물을 늘 경험한다. 하지만 그럴 때마다 하나의 시험이라고 생각하면 좋겠다. 마치 하늘에서 '이것을 넘어설 수 있니?'라고 말하며 우리를 한층 성장하게 하는 테스트라 여기면 좋겠다.

그리고 내가 어느 영역에서 무엇을 하든지 자기 결정권을 갖고 자기 인생을 만들어 가면 좋겠다. 간혹 직장인으로 지내도 자기 결정권을 가질 수 있는지 궁금해할 수도 있겠다. 그러나 어느 상황이든 자기 결정권을 다른 사람에게 양도하면 안 된다. 내가 취하면 할수록 나다운 인생을 멋지게 만들어갈 수 있다.

마지막으로 한 가지를 추천해주고 싶다. 어떤 것이든지 두려워하지 말고 도전해보기 바란다. 내가 원하는 삶을 만들어 가기 위해 가장 먼저 해야 할 것은 도전이다. 실패를 할 수 있겠지만, 두려워하지 말고 도전해보는 것이 중요하다. 인생은 너무나 아름답다. 이 좋은 세상에서 할 수 있는 것이 많을 것이다. 나 스스로 관점을 바꾸고 그 방향으로 생각하게 되면 그렇게 보이기 마련이다.

언제든 무엇이든 도전해보길 바란다. 누구나 시간이 지나면 다 후회한다. 많은 사람이 지난 세월을 후회와 아쉬움으로 채운다. 그렇다면 남들보다 덜 후회하며 살아보는 것은 어떨까?

지금이 바로 후회를 만족으로 바꿀 시점이다.

I AM 신강섭

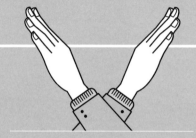

네가 할 수 있는
가장 발칙한 짓을
보여줘

작가
신강섭

그는 대한민국의 평범한 회사원 중에서도 아직 신입사원의 이름을 달고 있는 파릇한 청년이다. 조직에 적응하고 업무를 배워가며 바쁜 나날을 보내고 있는 중, '나는 앞으로 어떻게 살아가야 행복하게 살 수 있을까?'라는 생각이 들었고, 꼬리를 물고 이어지는 고민을 자신과 같은 직장인들과 나누고 공감하기 위해 작가의 길을 선택했다. 운동은 물론, Hisaishi Joe의 'Summer'를 피아노로 연주하는 것을 가장 즐긴다는 그는, 재치있는 농담으로 주변 사람들에게도 즐거운 하루하루를 선물하고 있는 것이 인생의 가장 큰 행복이라고 말한다.

그는 모든 사람에게 가능성과 잠재력이 있다고 믿으며, 특히 꿈이 실현하기 위해서는 자신을 바라볼 수 있는 조용한 '사색'이 중요하다고 여기는 그이기에, 바쁜 업무에 매일 지쳐가며 힘들어하는 직장인들이 단순히 회사생활로 하루를 보내기보다, 온전히 자신을 위하는 시간을 가져야 진정 행복한 일상을 가질 수 있길 바라는 마음으로 이 책을 집필했다.

회사에서는 신입사원이지만, 고민의 정도로는 자타공인 대리, 과장급을 넘어선다고 우스갯소리를 말하는 그이지만, 우리 사회의 많은 직장인이 한 번쯤 자기 자신을 깊이 돌아보는 계기를 이 책에서 얻을 수 있기를 진지하게 소망하고 있다.

❀ E-MAIL sks413@naver.com
❀ INSTAGRAM @gangseobs

×

이왕이면 좋은 사람으로
살지 말자

최근 들어 '나'라는 사람 그 자체로 살자는 이야기가 많이 들린다. 특히나 인스타그램이나 페이스북과 같은 SNS에서 이러한 내용을 많이 볼 수 있는데, 게시물마다 차이는 있겠지만 공통으로 이런 이야기를 한다.

"지금 내 모습을 있는 그대로 받아들이자."

"남들의 기준이나 기대에 자신을 맞추려고 하지 말라."

나는 여태까지 살면서 '웬만하면 좋게 생각하고, 원만하고 평화로운 것이 최고다'라고 생각하며 살아왔고, 이러한 생각은 분명 나의 행동에 영향을 미쳤다. 어떤 문제를 원만하게 해결하려면 서로가 혹은 한쪽이라도 자신의 감정이나 의견을 조금은 접어두고 진행해야 한다는 사실을 알았다. 그래서 일의 방향이나 중대한 결정을 제외하고는 내가 양보하거나 고려할 수 있는 것들에 대해서는 대부분 의견을 접었다. 그로 인해 나는 그 문제를 직면하는 데 큰 어려움이 없었고, 다른 사람들과 원만한 관계를 유지할 수 있었다. 그러한 관계를 형성하면서 오는 기쁨이 나 혼자 만족하는 것보다 더 큰 기쁨이라고 생각했다. 관계를 통해 서로의 기쁨이 전해오기 때문이다.

이런 내 모습을 보면 나도 참 팔랑귀인 건지 사소한 것에서 감동을 잘 느끼는 건지 모르겠다. 어찌 됐든 SNS에서 쏟아져 나오는 글들을 보면서 '나는 여태까지 너무 남들과 잘 지내려는 것에만 신경을 썼나?'라는 생각이 들었다. 그리고 나도 앞으로 나의 감정이나 의견을 우선시하며 나 자신을 먼저 챙겨야겠다고 마음먹었다.

'많은 사람이 그렇게 살아왔지 않나?'

'지금은 더더욱 '나'의 중요성이 커지는 시대니 나도 나의 삶의 방식을 바꿔볼 필요가 있지 않을까?'

이런 생각이 나를 점차 바꾸었다.

그 이후부터는 나 나름대로 나를 솔직히 표현하고 내 감정에 충실해 보기로 했다. 해야 할 일이 있는데, 내 감정이 다른 곳으로 향하면 최대한 내 감정을 따랐다. 예를 들면 무언가를 하다가 내 계획대로 안 되면 중간에 그만두고 내 기분을 챙긴다거나, 사람들과 업무를 하다 껄끄러운 상황이 발생하면 굳이 해결하려고 하지 않고 얽히고설킨 실타래를 그냥 내버려 두었다.

그랬더니 이상한 변화가 일어났다. 웬만하면 좋게좋게 하자던 내가 모든 것 하나하나에 내 감정을 투영하기 시작했고, 사소한 것 하나에도 울고 웃게 된 것이다. 내 감정을 우선시하다 보니까 나도 모르게 작은 감정에도 날카롭게 반응하게 되었다. 하나라도 내가 생각한 기준이나 만족감에 도달하지 못하면 그것은 좋지 못한 것이 되어버렸다. 따라서 사소한 것 하나에도 내 마음에 들지 않으면 화가 나기도 하고, 기분이 상하기도 했으며 결과적으로 매우 감정적인 사람이 되어 있었다.

혹여 누군가는 이러한 변화를 좋게 바라볼 수도 있겠다. 감정을 솔직하게 드러낼 수 있다는 것 자체가 정서적으로 더욱 건강한 사람이라고 할 수 있기 때문이다. 그러나 나는 이렇게 변해버린 내 모습이 썩 마음에 들지만은 않았다. '왜 내가 정말 작은 것까지 하나하나 신경 쓰면서 나의 감정을 돌봐야 할까?'라는 생각이 들었다.

어린 시절 나는 노는 것을 무척이나 좋아했다. 친구들과 밖에서 얼음땡, 잡기놀이, 오재미 등 이제 이름이 가물가물해진 많은 놀이 등을 실컷 하고 난 후에는 집에서는 아쉬운 마음에 컴퓨터 게임도 많이 했다. 당시 어머니는 내가 컴퓨터 게임 하는 것을 그다지 좋아하지 않으셨기에 집에서 내가 제일 자유롭게 할 수 있었던 것은 초등용 학습 만화책을 읽는 것이었다.

그중에서도 《명심보감》이라는 만화를 매우 좋아했는데, 책 안의 만화 캐릭터들이 겪는 상황마다 명심보감의 구절에 빗대어 성숙한 인간이 가져야 할 생각과 자세, 행동거지 등에 대해 말해주었다. 그 만화에서는 항상 명심보감처럼 이상적으로 행동하고 문제를 해결하는 사람이 결국에는 큰 사람이 되고 이해심이 넓은 사람이 되었는데, 아마 나도 모르게 내 마음 깊은 곳에 이런 생각이 자리 잡게 된 것 같다.

'나도 저런 사람이 되어야 큰 사람이 될 수 있겠구나.'

그렇지만 내가 되고 싶은 롤모델과 요즘 세상에서 말하는 좋은 사람은 차이가 있다. 내가 생각하는 좋은 사람은 누구라도 존경할 수 있고 이해심이 넓어 다른 사람들을 품을 수 있는 사람인데, 지금의 좋은 사람은 자기 자신을 있는 그대로 마주할 수 있고, 사회적인 시선에서 자유로워 자신의 선택이나 결정 자체를 온전히 받아들일 수 있는 사람이다. 둘 중 어떤 사람이 더 좋고 나쁘다를 이야기할 수는 없다. 전자처럼 살면 누군가는 '착한아이 콤플렉스'라고 말할 것이고 후자처럼 살면 '자신의 삶에 안주하기만 하는 사람'이라고 할 것이다. 다만 어떻게 살든지 간에 자신의 삶에 대해 계속 성찰하고 돌아보는 것은 꼭 필요하다.

나는 취업 전까지는 나에 대해서 많이 생각하지 못했다. '나'라는 사람에 대해 정의하거나, 내가 무엇을 좋아하고 싫어하는지 아는 것은 뒷전이었고, 그냥 빨리 능력을 키우고 스펙을 쌓아서 안정적인 일자리를 가지고 싶다는 생각밖에 없었다. 아마 그 당시 '어차피 모두 힘들게 취업 준비를 하고 능력을 쌓기 위해 노력하는데 나만 가만히 있을 수 없다'라는 마음이었던 것 같다. 그렇게 내 나름의 사회적 목표를 달성하고 난 뒤부터 나 자신의 삶에 대해 생각해 볼 수 있었다. 시간에 쫓기듯 스펙을 쌓고, 시험을 위해 책만 보는 시간이 내가 자유롭게 쓸 수 있는 시간으로 변한 게 가장 큰 도움이 되었다. 사람의 의식 성장은 아무것도 안 하고 넋 놓고 있을 때 진행된다는데, 우스갯소리인 줄 알았던 이 말을 이번 기회를 통해 경험적으로 알게 되었다. 좀 더 빨리 '나'에 대해 관심을 가졌으면 좋았겠지만, 지금에서라도 어떤 사람으로 살아가야 하는 지에 생각해 볼 수 있어 다행이다.

'나'다움을 중요시하는 세상이다.

누군가는 현재 있는 그대로 존재하는 나를 인정하고 사랑하는 것을 나다움이라고 말한다. 하지만 나는 아무래도 지금 그냥 있는 그대로 보다 계속해서 발전하고 더 좋은 사람으로 성장해 나가는 내 모습이 더 보기 좋다. 아마 그러한 모습을 통해 행복을 느끼고 나를 이해하는 것이 나에겐 '나'다움인 것 같다.

그거 할 시간에 차라리
진짜 도움이 되는 걸 해

쓸데없는 경험은 없다. 다만 그 경험을 하는 중이거나 곱씹을 때, 단순히 일어난 일 중 하나라고 생각하면 안 된다. 모든 경험에 감사하며 혹시 자기가 목표한 바가 있다면 경험한 바에서 어떤 것을 얻을 수 있을지 생각해봐야 한다.

"그건 진짜 쓸데없어, 그건 진짜 시간 낭비야."

"그거 할 시간에 차라리 너한테 진짜 도움이 되는 걸 해."

대학 시절에 종종 듣던 이야기다. 특히 군 전역 후 취업에 대한 압박이 조금씩 느껴질 때 내가 받은 스트레스는 정점에 달했던 것 같다. 이런 이야기를 들은 이유가 있다. 생명과학을 전공하고 있었는데, 군대에서 전역한 후 나는 '언론정보학'을 복수전공으로 신청했기 때문이다. 내게도 그렇고, 다른 사람들 보기에 이색적인 조합이라 느껴졌을 것이다. 실제로 언론정보학과 교수님들이나 팀별 과제를 진행하던 학생들이 나를 만나면 가장 먼저 하는 질문이 있었다.

"왜 복수전공을 여기로 했어요?"

그럴 때마다 이렇게 답했다.

"뉴스나 영상을 통해 사람의 생각이나 행동 양상 등을 알아보는 것이 재밌을 것 같아서요."

나름대로 자신 있게 대답했으나 비슷한 질문을 받으면 받을수록 마음 한편에서 불안감이 생기기 시작했다. 아마 이런 느낌이었을 것 같다. 잘하고 있는 일이어도 누군가 계속 물어보면 이런 의문이 들곤 하는 것처럼.

'내가 정말 잘하는 건가?'

여러 가지 고민이 생겼다.

'무리하게 복수전공을 시작한 것에 너무 성급하지 않았나?'

'나는 이 진로와 경험을 통해 내가 할 수 있는 게 무엇인가?'

'나중에 누군가 물어보면 무엇을 했다고 말할 수 있을까?'

그러나 결국 '일단 시작해보고 내가 겪어봐야 그 경험이 쓸 데 있는지 없는지 알겠지'라고 생각하며 최대한 많은 경험을 할 수 있도록 스케줄을 짰다. 강의 스케줄은 이론 위주의 수업뿐만 아니라 실제로 나가서 촬영도 하고 편집도 하는 강의 위주로 선택했고, 관련하여 실제 취재도 하고 기사도 써보는 대외활동도 경험했다.

지금 돌아보면 이 시기에 가장 활동적으로 대학 생활을 했던 것 같다. 한번은 영상제작 당시 교내에서 청소하는 아주머니들의 일상을 주제로 영상을 만들었다. 영상제작을 위해서 팀원들과 새벽까지 밤을 새우기도 하고, 아침에 해가 떠오르는 장면을 촬영하기 위해 좋은 장소를 물색하며 사진을 찍어보기도 하고, 아주머니들과 인터뷰를 하기도 했다. 우리가 제작한 영상은 교수님과 다른 학생들한테도 좋은 평가를 얻었고 우리는 그 영상을 학교 게시판에 공유하여 모두가 볼 수 있게 했다. 많은 학생이 그 영상을 보며

"앞으로는 근처에서 뵙게 되면 아주머니들께 감사하다는 말씀을 전해야겠다"

"우리들이 쓰는 공간들이 그냥 깨끗해진 게 아닌 것을 알았다" 등 다양한 댓글과 인사로 공감해주었다.

기자단으로 활동할 때는 취재를 하기 위해 경기도 곳곳을 돌아다녔는데, 살면서 처음 들어본 지명, 건물, 도시에 가보기도 하고 취재 아이템에 관하여 혼자 공부해보고 '이러한 정책이 발현되면 어떤 것들이 달라질까?' '나라면 어떤 선택을 할까?' 등 다양한 방면에서 생각해볼 기회가 됐었다.

파주에서 개최된 말 관련 행사를 하러 갈 때는 '너무 멀어서 힘들다'라는 생각뿐이었는데 막상 현장에서는 처음 보는 말을 응원하며 손뼉을 치고 있었고, '백종원의 푸드트럭'으로 유명해진 푸드트럭에 대해서도 취재하며 '청년 일자리가 이런 방법으로도 생길

수 있구나' 하며 깨닫기도 했다.

더불어 내 경우는 이러한 활동들로 인해 혜택을 많이 보았는데, 취업 준비 당시 자기소개서에 쓸 재료가 많아서 작성할 때 조금 더 수월하게 진행할 수 있었고, 면접 당시에도 공감적인 능력을 어필할 때 영상을 촬영하고 제작했던 이야기를, 문서작성에 관한 능력을 어필할 때는 기자단 활동이 도움이 많이 됐다. 물론 취업의 성공 여부가 경험의 유효성을 가르는 기준은 아니다. 다만 내면적으로 성장하는 것뿐만 아니라 외면적으로도 무언가 경험하는 것은 인생에 있어 큰 도움이 되는 것 같다.

'과연 쓸데없는 경험이 있을까?'

조심스럽게 생각해본다. 때로 어떤 경험은 하지 않기를 바라는 마음이 강렬하게 일어난다. 극단적으로 내 주위의 소중한 사람들을 갑자기 볼 수 없게 되는 경우 등이 그렇다. 그 외의 경험만을 유익하게 여기지 않을까.

그러나 니체는 이렇게 말했다.

"나를 죽이지 못하는 고통은 나를 더 강하게 만든다."

행복한 경험이나, 슬픈 경험, 놀라운 경험 등 그 안을 살펴보면 각각 나에게 의미하는 바가 있는 것 같다. 행복한 경험에서는 '내가 이러한 순간에서 행복함을 느끼는구나!' 하며 나를 조금 더 이해하게 되고, 슬픈 경험에서는 '왜 이렇게 됐을까? 무엇이 문제였을까? 어떻게 하면 성공할 수 있을까?' 등을 생각하며 나를 더 단단히 만드는 시간이 되었던 것 같다.

강릉부터 인천 월미도까지 2주 동안 걷기만 하면서 발이 물집 덩어리가 되어 보기도 하고, 교내에 있는 커피 자판기를 돌아다니며 청소하고 수리하며 커피 가루를 뒤집어쓰기도 하고, 군대에서 선임병 눈치를 보며 이러지도, 저러지도 못하면서 고민을 했던 시간이 지금의 내 삶을 더욱 소중하다고 느끼게 해주는 원동력이 되었다.

그리고 지금 이렇게 책을 쓰는 것 자체도 내 삶에 소중하고 중요한 경험이다. 누군가가 들으면 그렇게 돈과 시간을 들여서 책을 쓰는 게 의미가 있느냐고 반문할 수도 있겠지만 특정한 주제를 가지고 내 생각과 경험을 다른 사람들에게 이야기함으로써 나 자신을 많이 되돌아보기도 하고, 앞으로 나는 어떤 삶을 살지에 대해서도 많이 생각하게 된 것 같다.

앞으로도 더 다양한 경험을 마주하고 싶다. 물론 행복하고 즐거운 일들이면 좋겠지만 슬프고 힘든 일조차도 '나에게 많은 도움이 되었구나'라고 느끼며 살아보고 싶다. 나의 이러한 경험과 생각들이 독자분들의 경험에 좋은 영향이 된다면 그것 또한 내 인생에서 값진 경험이 아닐까 생각한다.

눈에 보이는 모든 것들은 ( )속에 넣어라

알고 보면 우리 일상에 주위에 우리에게 영감을 줄 수 있는 것들이 많다. 주위에 깊은 관심을 가질 때 우리가 알지 못했던, 느끼지 못했던 것들에 대해 알 수 있다.

달 달 무슨 달 쟁반같이 둥근 달
어디 어디 떴나 남산 위에 떴지
달 달 무슨 달 낮과 같이 밝은 달
어디 어디 비추나 우리 동네 비추지

권길상 〈달〉

어릴 때 한 번쯤 불러 봤을 '달'이라는 노랫말이다. 아침에 해가 뜨는 게 당연하듯 밤에 달이 뜨는 것도 사실 당연하다. 우리네 일상의 평범하고 자연스럽고 당연한 이야기지만, 그러나 '달'에는 어떤 의미가 새겨져 있는 듯하다. 고대에서는 달을 신비롭게 여기며 보이지 않는 어떤 힘이 작용하는 대상으로 이해했다고 한다. 우리 시대 영화나 드라마에서도 항상 신비로운 힘으로 인식되었다. 그래서 달은 극 중 분위기를 한껏 고조시키기도 하고, 문제 해결의 실마리가 되기도 한다. 이런 의미를 다 떠나서 우리가 공통으로 느끼는 바가 있다. 밤하늘에 떠 있는 달을 보고 있노라면 우리 마음을 평온하게 만든다.

그런데 달을 한참 바라보다 '나 말고 다른 사람들은 어떻게 바라봤을까?' 생각하게 됐다. 가령 지금의 대한민국 이전에 이 땅에 살았던 수많은 사람도, 과거 지구상에 존재했던 모든 인류도 우리가 보는 똑같은 달을 보며 다양한 생각에 빠지지 않았을까?

어떤 사람은 '오늘은 달이 참 밝구나!' 생각하며 달빛의 밝기만을 느낄 수 있고, 어떤 사람은 '달이 저렇게 어여쁘니 술맛이 배가되는구나!'라고 생각하며 조금 더 감성적인 반응을 보일 수도 있겠다. 또 어떤 사람은 '달이 무척이나 밝은데 오늘 우리 작업에 해가 되지는 않을까?' 하며 염려할 수도 있지 않을까.

지금 보는 똑같은 달을 과거의 누군가도 보았을 텐데, 각자 다양한 감정을 불러일으키는 대상이 되었을 것 같다. 그리고 지금 우리가 느끼는 바와 별반 다르지 않았을 거라는 생각이 든다. 인지상정이라고 똑같은 대상을 바라보는 사람이라면 누구나 비슷한 마음이 들기 마련이다.

이처럼 항상 하늘에 존재했던 달은 과거와 현재를 연결해준다. 그래서일까. 사람들은 달이 신비한 힘을 가졌다고 생각한다. 변함없이 존재한 달이기에 그렇다.

이러한 비슷한 감정은 동굴이나 옛 역사 유적지에서도 느낀다. 누군가는 동굴을 파고 유적지를 만든 주체가 있을 텐데, 지금 내가 같은 것을 보고 있다는 사실에 새삼 기묘한 느낌을 들게 한다. '그 당시 사람들은 어떤 생각이었을까?' '보수를 받으며 일했을까?' '아니면 노역으로 끌려왔을까?' 등등 여러 생각이 든다. 이렇게 보면 주위에 있는 것 중에 당연한 것은 없다는 생각이 든다.

작년 10월의 일이다. 핑크뮬리가 그렇게 예쁘다는 이야기를 듣고 한강 부근 하늘공원에 다녀온 일이 있었다. 그곳은 처음이라 난지공원에서 헤매다 겨우 찾아갔는데, 직접 발을 디뎌보니 정말 이름값을 한다는 생각이 들었다. 그곳은 평지가 아니라 산 한복판에 있어 하늘과 가까운 느낌을 들게 했다.

핑크뮬리는 듣던 대로였다. 드넓게 펼쳐진 분홍색 솜털 같은 분위기는 장관이었다. 키 큰 억새도 새로운 분위기를 자아내는 데 한몫했다. 그리고 그 높은 곳에서 내려다보이는 도시 또한 감탄을 불러일으켰다.

한참을 구경하다 보니 어느덧 해가 뉘엿뉘엿 지고 있었다. 이제 슬슬 돌아가야겠다고 생각하던 순간 교통수단을 검색해 보니 인근 지하철은 월드컵경기장역밖에 없었다. 그러나 이미 꽤 많은 사람이 그쪽으로 향하고 있었다. 그렇게 힘들고 지친 상황에서 30분 정도 걸어서 역에 도착했다. 이미 내 머릿속에는 피곤하다는 생각밖에 없었다. 안락한 집에 들어가 샤워하고 눕고 싶다는 생각이 간절했다.

속으로 불평이 가득했다. 관광지와 대중교통을 왜 이렇게 멀리 지어놓았는지, 투덜대면서 걷는 중이었다. 그때 뒤에서 들린 한마디가 신선한 충격이었다. 그 충격은 내 생각을 축을 전환했다.

"아이고, 에스컬레이터야! 너도 오늘 고생 많았겠다."

월드컵경기장역에서 지하철을 타려면 입구에서 내려가는 계단이 꽤 깊어 사람들은 에스컬레이터 앞에 줄을 길에 늘어서 있는데, 그 모습을 보고 어느 사람이 꺼낸 이야기였다. 그 말을 듣는 순간, 한동안 말을 잃었다.

'이럴 수가, 아….'

그리고 곰곰이 생각하게 됐다.

'난 내 주위에 있는 것에 얼마나 감사하며 살고 있나?'

나름 주변을 깊고 새롭게 살핀다고 자부하고 있었는데, 주변을 바라보는 내 시야도 참 좁다는 생각이 들었다. 마음의 문제다. 원망과 불평으로 가득할 때, 시선은 나에게만 집중된다. 주변을 살필 여유가 참 좁아진다. 그러나 넓은 마음을 유지할 때, 사람이든 사물이든 감사의 마음으로 더욱더 깊은 통찰을 가질 수 있을 것이다.

혹자는 인생이 편하니 배부른 소리라고 할 수도 있다. 나도 일이나 사람에 지친 날이면 생각이든 고민이든 아무것도 하기 싫을 때가 있으니 나 또한 공감한다. 다만 주변을 깊게 살핀다는 것은 단지 그곳에 위치한 사물을 바라보는 것 이상의 그 무엇이다. 내 주위에서 발생하는 업무, 일, 관심, 사랑 모두 당연하지 않다. 그냥 존재하는 것은 하나도 없다. 조금만 새롭게 보는 여유를 갖는다면, 우리 인생도 새로워질 것이다.

여유가 있어야 주변을 돌아볼 관심이 생기는 것이 아니라 주변을 돌아봐야 삶의 여유와 통찰도 생긴다. 지나가다 문득 달라 보이는 거리의 나무, 매일 아침 출근길에 보는 버스 기사님, 당연하게 나를 기다리고 있는 회사의 업무 등 모두 당신의 괄호 속에 넣어라. 이 삶의 태도를 견지한다면, 남들과 똑같은 인생이 아닌, 창의적인 영감 가운데 나만의 독특한 삶을 살아갈 수 있을 것이다.

인생의 주인으로 살아가기 위해 절대 놓치면 안 되는 3가지

우리에게는 어찌 됐든 일상이라는 것이 존재한다. 누군가는 아침 6시에 일어나 10분 만에 출근 준비를 해서 집 밖으로 나가는가 하면, 누군가는 오후 3시쯤 느지막하게 일어나, 해가 조금씩 뉘엿뉘엿 기우는 오후 한낮에 하루를 시작하기도 할 것이다. 사람마다 일상의 모습이 다른 것처럼, 일상을 대하는 태도도 다들 제각각이다.

나는 처음에 일상이라는 것은 당연히 내 주위에서 자연스럽게 일어나는 일들이고, 그냥 그 자연스러움을 있는 그대로 받아들이면 된다고 생각했다. 그렇다고 일상을 무시하는 건 아니었다. 그냥 이 일상에서 잘 적응하고 스트레스 안 받고 살면 장땡이라고 생각해왔다. 이러한 내 생각은 우연히 인스타그램에서 본 글귀에서 완전히 바뀌었는데, 아직도 그 문구를 보면 나 자신을 많이 돌아보게 한다.

"생각하는 대로 살지 않으면 사는 대로 생각하게 된다."

- 폴 발레리

처음 이 글귀를 접했을 때 나도 모르게 떠오르는 생각이 있었다.
'나는 여태 어떻게 살아왔을까?'

간혹 열심히 계획을 짜고 많은 고민 끝에 도전을 시작하기도 했지만, 내 주위 일상에 대해서는 딱히 깊게 생각한 것 같지는 않다. 대학생 때는 교수님이 내주신 과제만 수동적으로 했을 뿐이고, 시험을 보면 그렇게 나쁘지도 좋지도 않은 정도의 점수를 받았다. 직장생활을 할 때도 주체적으로 문제를 찾아 해결했던 경우가 드물었다.

그러나 어느 순간 나도 진지하게 내 일상에 대해 생각해보고 내가 생각한 대로 살아보기로 하고, 야심 차게 일과를 계획했다.

"아침에 6시에 일어나 30분 정도 책을 읽고 간단하게 씻은 뒤, 직장에서는 나의 일을 열정적으로 수행하고 문제 해결에 주도적인 자세를 가지며, 퇴근 후에는 업무 관련 지식과 운동, 영어공부를 끝으로 하루를 마무리하자."

그러나 생각만큼 쉽지 않았다. 생각한 대로 살려고 했지만, 막상 실행에 옮기려고 하니 예상치 못한 복병이 있었다. 아침에 6시에 알람을 듣고 일어나는 그 순간에는 '어차피 지금 일어나도 독서가 효율적이지 못 하니 차라리 좀 더 자고 이따 퇴근해서 집중력 있게 읽자'라고 생각하며 아침이라는 시간과 독서의 효율성을 따져가며 나와 타협하였다. 퇴근 후에는 '무엇인가를 무리하게 하면 머리에도 남지 않고 몸만 힘들 것이다. 차라리 일찍 자고 내일 일찍 일어나서 말짱한 정신에 책을 읽자'라고 생각하며 잠자리에 들기 일쑤였다.

그렇게 나는 계속 12시간 후의 나에게 책임을 떠넘겼고, 12시간 후의 나는 또다시 12시간 후의 나로 연결되었다. 결과적으로 나는 '사는 대로 생각하지는 않지만 생각하는 대로 생각만 하는 사람'이 되고 말았다. 어찌 보면 당연한 말이겠지만 단순히 생각만으로 인생이 확 바뀌는 건 아니었고 그에 따른 꾸준한 실행이 필요하다는 것을 느꼈다. 그래서 너무 목표를 크게 세우지 말고 작게 세우는 것에서부터 시작해보자는 생각이 들었다.

이렇게 여러 시행착오를 겪으며 개인적으로 깨달은 바가 있다. 특별한 사람의 시행착오라면 우리네 평범한 일상에 적용하기 어렵지만, 필자와 같이 평범한 사람의 시행착오는 많은 사람이 공감하게 되지 않을까.

이제 평범한 20대의 인생을 주인으로 살아가기 위해 절대 놓치지 않아야 할 3가지를 소개하려 한다.

첫 번째는 다른 사람과의 약속에서 사용할 수 있는 팁이다.

먼저 이번 주에 다른 사람을 만나기로 한 약속이 언제인지 확인한다. 어떠한 약속이든 좋다, 친구를 만나는 약속이나 비즈니스를 위한 미팅, 지인의 소개로 만나는 소개팅 등 모든 약속을 다 포함해서 말이다. 이번 주에 약속이 없다면 출근 시각이나 기타 약속 시각에 설정해도 된다.

마침내 약속의 날이 왔다. 방법은 아주 쉽다. 집에 나서기 전, 예전에 읽으려고 사놓았던 책 한 권을 들고 가자. 그리고 약속 시각보다 30분 먼저 도착하는 것이다. 이렇게 함으로써 내가 계획한 대로, 생각한 대로 환경을 조절할 수 있다. 이 30분은 내 마음대로 조절할 수 있는 것이다. 물 들어올 때 노 젓는 것처럼 환경까지 조절한 김에 책도 읽으면서 생각을 확장 시켜도 되고, 그날 해야 하는 자잘한 것들을 처리해도 된다. 일찍 와서 핸드폰만 한다면 아쉬운 시간으로 남을 수밖에 없다. 그러나 이 팁을 제대로 실행하게 되면 안 해도 되는 것들이 몇 개 생긴다. 예를 들면 '약속 장소가 처음이라 헤매기', '지각을 면하기 위해 헐레벌떡 달리기', '내 주위의 풍경이나 경치를 볼 겨를 없기' 등이다.

이처럼 작은 습관을 통해 얻을 수 있는 유익이 참 많다.

두 번째는 자기 자신과의 약속에서 쓸 수 있는 팁이다.

어떤 목표는 어떤 행위나 결과가 숫자로 표현되는 경우들이 있을 것이다. 이를테면, 영어단어 하루에 20개 외우기, 러닝머신 30분 달리기, 인터넷 강의 1강 수강하기 등이 이런 예시가 될 수 있다.

먼저 본인이 목표한 것을 수행한다. 하루에 실천하기로 한 모든 것에 적용하지 않아도 된다. 처음이니까 가장 자신이 부담을 덜 느끼는 것부터 시작하자. 방법은 아주 간단한데, 자신이 세운 목표에서 10~20% 정도를 더 수행하면 된다. 영어단어가 20개라면 20개 다 외웠다고 끝내는 것이 아니라 1개를 추가로 더 외워보기도 하고, 러닝머신을 30분에서 5분 정도 더 늘려서 해볼 수도 있다. 인터넷 강의는 목표한 것보다 조금 더 많이 들으면 된다. 여기에서 중요한 점은 목표한 것보다 조금이라도 그 기준을 뛰어넘어 주체적으로 능동적으로 수행하는 것이다.

물론 자신이 정해 놓은 목표를 완료하기조차 쉽지 않다. 다만 많은 고난과 유혹을 떨쳐내고 완료하기 직전이라면 '어차피 여기까지 온 거 조금 더 해보자!'라고 생각하고 해보길 바란다. 그러면 이 또한 내게 주어진 상황을 나 스스로 조절해 나간다는 마음이 들 것이다.

벌써 위 2개 팁을 자연스레 하고 있다면 위 2개를 각자 일상에 확장하여 적용하면 된다. 어떤 일의 마감기한에 딱 맞춰 급하게 허둥대기보다 하루 이틀 전에 여유롭게 마무리할 수 있다. 또한, 영어단어를 외우는 것에서 끝나지 않고 주기적으로 토익이나 토플에 응시하는 법도 있을 것이다.

3번째 방법은 이미 독자님들이 하고 있는 것 중 하나이다. '응? 지금 하고 있는 거라고? 그게 뭐야?'라고 두리번거리실 수도 있겠다. 마지막으로 놓치면 안 되는 한 가지는 바로 독서이다. 독서의 중요성과 이로움에 대해서는 이미 많은 곳에서 이야기했다. 성공한 사람들이 쓴 시중에 있는 책들에서도 확인할 수 있고, 독서법 관련 책이나 고전 인문학 글을 살펴보면 책 속에 길이 있고 답이 있으며, 완전한 성인으로 거듭나기 위해서는 독서가 필수라고 말한다.

내가 독서의 힘을 피부로 느끼게 된 것은 군 복무 시절 때였다. 군대에서도 개인 일과가 끝나면 '개인 정비 시간'이라고 해서 시간을 자유롭게 사용할 수 있는데, 사회와는 다르게 할 수 있는 행동의 범위가 작기 때문에 대부분 TV를 보거나 인터넷을 이용하곤 했다. 평소에 사회에서는 보지 않았던 드라마가 군대에서는 최고로 재밌었는데, 반복되는 일상에서 접하지 못했던 사회의 모습과 극적인 이야기들이 큰 재미를 주었다. 하지만 드라마의 특성상 이야기의 흐름과 끝을 알려면 약 20시간 정도를 봐야 하는데, 언제부터인가 그 시간이 너무 길게 느껴졌다. 재미는 있는데 20화까지 기다리기가 너무 지쳤다.

'아 뭔가 내 마음대로 속도 조절하면서 볼 수 있는 이야기가 없을까?'

하며 생활하던 중 부대 내에 있는 도서관을 떠올리게 됐다. 도서관에 대해 잘은 모르지만, 일정한 주기로 새 책도 들어오고 그럼 내가 좋아하는 책 한두 권 정도는 있겠다 싶어 찾아가게 되었다. 도서관에는 내 생각보다는 꽤 많은 책이 있었고 책 종류도 다양했다. 예전부터 책은 좋아했으나 시간이 없어 읽을 시간이 없다, 여유가 없다는 이유로 고등학교 입학 후부터 제대로 읽은 책이 몇 권 되지 않았다. 이왕 간만에 책을 읽게 된 김에 제대로 한번 읽어보자는 마음에 '책을 잘 읽는 방법'이나 '독서법'과 관련된 책들을 많이 읽었다. 이러한 책들을 읽으며 책을 통해 생각의 크기와 범위를 넓힐 수 있다는 것을 알았고 독서를 통해 깨닫게 된 것이나 배운 것들을 삶에 적용해, 더 나은 삶으로 나아갈 수 있다는 것을 알았다. 이후에는 처세술이나 인간관계에 대한 책들을 주로 읽었는데 군 생활 특성상 사람들과 부대끼면서 보내는 시간이 많으므로 어떻게 하면 사람들과 조화롭게 지낼 수 있는지, 어떻게 하면 진정 사람을 내 쪽으로 끌어당길 수 있을지에 대해 관심이 많았기 때문이다. 덕분에 일기를 쓰면서 하루를 돌아보기도 하고, 책을 읽으면서 깨달은 점이나 지금의 내 상황에 적용할 수 있는 점들을 독후감으로 남겼다. 이때 책을 읽으면서 생각을 정리했던 경험들이 의식 수준을 높이는 데 많은 도움을 주었다. 군 제대 후 복학 후에는 취업 준비를 위해 책보다는 전공서와 인·적성 문제집을 더 많이 보았지만, 취업 이후에 내가 취미로 계속해서 독서를 하는 것도 군 시절 당시 독서경험에 기반을 두고 있다.

이미 이 책을 읽고 있으면 독서에 관해서는 관심이 있다고 볼 수 있으므로 내가 추천해 드리는 방법은 책을 읽고 나서 독후감도 좋고, 감상평도 좋으니 자신만의 글로 남기길 바란다. 이렇게 하면 책을 읽는 내내 내가 깨달았던 점이나 느꼈던 생각들이 그냥 '앗'하고 머릿속에 떠오르고 끝나는 게 아니라 내가 그 주제를 어떻게 대하고 어떤 식으로 생각하고 있는지, 내 삶에 적용할 수 있는 점들은 어떤 것들이 있는지 정리할 수 있다.

여기까지 평범한 내가 경험을 통해 알게 된 주인으로 살아가기 위해 놓치지 않아야 할 3가지이다. 엄청 대단한 것이라고 하기에도 살짝 부끄럽지만, 조용히 가슴에 품고 있다가 비슷한 상황이 오면 속는 셈 치고 한 번씩 해보길 권한다. 처음에는 물론 어색하겠지만 '실상 그리 어렵지도 않고 간단하며 이 정도는 충분히 해볼 만하겠다'라는 생각이 자연스레 들 것이다. 누구에게나 쉬워야 좋은 팁이 된다. 또한, 누구에게나 적용할 수 있어야 한다. 간단한 방법이지만, 적용하는 즉시 내 삶에 주인 되어 살아가는 영역이 점차 늘어날 것이다.

독자분들 모두가 인생의 주인으로 살아가길 바라며, 본인만이 알고 있는 팁이 있다면 e-mail로 제보 부탁드린다.

I AM 애작가

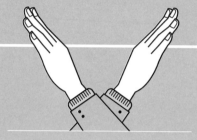

오(아)씨 속에
숨은 보물,
Oh, Happy!

작가

OH작가

자신의 성(姓)씨인 '오(OH)'에 대해 상처와 애틋함을 함께 가지고 있다. 하지만 'Oh Happy'라는 필명으로 자신의 성에 의미가 부여되는 순간, 완전히 바뀐 인생을 사는 그녀다. 대학을 졸업하고 특수도서관, 서울시립 공공도서관, 절두산순교박물관, 기업체 자료실, 학교도서관 등에서 15년간 사서로 근무하였다. 이후 육아 퇴직으로 5년간 육아에 전념하면서 아이에게 책을 좀 더 잘 읽어주고자 (사)색동회에서 구연 공부를 시작했다. 2011년 10월 색동회가 주최하고 여성가족부가 후원한 대한민국 어머니 동화구연대회에서 입상한 후, 2014년 1월, 색동어머니동화구연가회 동화구연가로 등단했다.

E마트 문화센터를 시작으로 한국우진학교, 성재중학교, 영중초 병설 유치원, 다수의 어린이집에서 독서를 기반으로 한 방과 후 수업 및 특강을 7년간 진행하였다. 독서 수업을 하면서 그저 연령대에 맞추는 독서가 아닌, 개인의 내면에 접근할 수 있는 독서법을 찾던 중 가톨릭대학교 평생교육원 독서심리상담사 1급 자격증을 취득하였고, 0세부터 100세까지 읽을 수 있는 그림책의 매력에 빠져 가양도서관 그림책지도사 심화 과정까지 수료한 독서광이자 천상 독서 전도사이다.

그러던 중 2015년 모친의 선종으로 생애 결정적 변곡점을 맞아 책을 쓰고자 결심했다고 말하는 그녀는, 책을 쓰면서 어머니가 마지막에 보여주신 사랑을 이해하고 마음으로 화해할 수 있었다고 이야기한다. 도서관 사서에서 동화구연가, 책을 쓰는 작가로 거듭난 그녀는 인생에서 세 번의 전환점을 맞아 또 한 번 크게 성장했다. 그리고, 이 책을 읽는 독자들 또한 자신의 스토리를 통해 인생의 전환점을 맞이하길 바라고 있다.

✳ INSTAGRAM @oh_author
✳ E-MAIL ohk619@naver.com
✳ BLOG http://blog.naver.com/ohk619

나는 오늘,
어제의 너와 만난다

남편과 같이 가게 일을 마치고 돌아오는 길, 차 안에서 벌어진 일이다.

"여보, 도대체 어항은 언제까지 저렇게 놓아둘 거야? 더러워서 도저히 못 봐주겠네. 금붕어를 기르자는 거야 죽이자는 거야? 변기에다 갖다 버려 드려요? 이러다가 내 목숨도 같이 줄어! 나 좀 살자! 제발…."

아이가 초등학교 3학년 때, 담임선생님께 금붕어 한 마리를 받아 온 게 인연이 되어 몇 마리 더 사다가 기르고 있다. 그런데 더러워진 수조를 방치하고 있자 며칠째 참고 있던 남편의 불만이 터져 나왔다. 예전 같으면 이에 질세라 한바탕 말다툼을 치르고 말았을 것이다. 하지만 웬일인지 웃음이 먼저 나왔다. 한 번 웃음이 나오자 말이 끝날 때까지 연속해서 웃음 띤 모습으로 대응하게 되었다. '남편의 쏟아지는 불만에 대꾸하기보다는 웃음이 먼저 나온 이유가 무엇일까?' '구름 한 점 없는 맑은 날씨 탓일까?' '아니면 내공이 생긴 것일까?' 집에 가면 당장 깨끗이 치우겠노라 약속하며 일단락 지었다.

집에 와서 곰곰이 생각해 보니, 이유가 있을 듯했다. 그때, 문득 머리를 스치고 지나가는 책이 떠올랐다. 최근에 읽고 있는 책으로, 100일 동안 낭독하기로 계획을 세운 책이다. 그 책은 바로 성인동화 작가 오그 만디노가 지은 《위대한 상인의 비밀》이다. 주인공 하피트가 위대한 상인이 되기까지의 여정을 담고 있는데, 그는 대상인이자 부호인 주인에게서 위대한 상인이 되는 데 필요한 비법이 담긴 두루마리를 전해 받게 된다. 하피트는 열 개의 두루마리에 있는 지혜를 온전히 익혀서 마침내 큰 상인이 되었다. 열 개 중 일곱 번째 두루마리에 웃음에 관한 내용이 나온다.

"나는 웃으면서 세상을 살리라. 무엇보다도 일이 심각하게 느껴질 때 나는 웃을 것이다. 왜냐하면, 이때처럼 인간이 우습게 보일 때도 드물기 때문이다. 나는 절대 감정의 유희에 빠지지 않을 것이다. 내가 비록 자연의 가장 위대한 창조물일지언정 결국은 시간의 바람에 흩날리는 낟알에 불과하지 않겠는가? 내가 정녕 어디에서 왔으며, 어디로 가는지 알고 있는가? 오늘의 걱정거리를 십 년 후에 되돌아본다면 우습지 않겠는가? 왜 오늘의 사소한 일이 내 마음을 어지럽히게 내버려 두는가?"

삶의 지혜를 얻기 위해 매일 낭독하는 책이 생겼다는 것에 뿌듯함을 느꼈다. 서울시립 Y 도서관에서 독서프로그램을 운영하셨던 L 선생님이 말씀하셨다. 독서라는 것은 책을 다 읽었다고 끝나는 것이 아니라, 읽고 나서 실천해야 독서를 마무리 짓는 것이다. 예전에는 미처 몰랐었는데, 새삼스레 다가왔다. 책을 읽긴 읽되 행동의 변화로 이어지지 않으면 의미가 별로 없다.

가족 중에도 책으로 하루를 시작하고 마무리하는 분이 있다. 바로 독서광인 언니다. 엄마가 말씀해 주시길 언니는 책을 너무 좋아해서 잠을 자지 않고 읽다가 등교하는 날이 한두 번이 아니라고 했다. 책이 아무리 재미있어도 밤을 새워가며 읽은 적이 없어서인지 언니가 대단하게 느껴졌다. 그 언니가 지금은 머나먼 미국에 살고 있어 자주 볼 수 없는데, 간혹 한국에 나올 때면 꼭 하는 질문이 있다.

"혜경아, 너는 매일 같이 읽고 있는 책이 있니?"

"아니요, 딱히 없어요!"

"그래? 우리가 배가 고프면 육신을 위해 밥을 먹지? 그런데 왜 정신을 위해서는 밥을 안 먹지? 그건 말이 안 되지. 언니는 자기 전에 항상 성경책을 읽고 잔단다. 영혼을 위해서 말이야."

언니의 종교는 기독교다. 한국에 있을 때는 종교 생활을 안 했는데, 미국에 이민 가면서 신자(信者)가 되었다. 언니가 성경을 열심히 읽고 실천하며 신자답게 사는 것을 자랑스러워하듯 진정한 독서란 읽는 데서 그치는 것이 아니라 행동에도 영향을 미쳐 더욱 나은 삶을 살도록 이끌어 주는 것이다. 나도 이젠 언니처럼 날마다 책을 읽으며 긍정적인 행동의 변화를 통해 이루어지는 행복한 삶을 꿈꾸고 있다.

오드리 니페너거의 그래픽 소설인 《심야 이동도서관》에서 주인 공인 알렉산드라는 어느 새벽에 산책하다가 이동도서관을 보게 되었다. 그 도서관에는 주인공의 어린 시절부터 최근까지 읽은 모든 책이 수집되어 있었다. 그녀는 놀라움을 금치 못하며 도서 대출을 원하였으나 담당 사서는 딱 잘라 거절하고 만다. 내가 알렉산드라가 만난 이동도서관에서 대출은 아니더라도 잠깐만이라도 보았으면 하는 책에 《소년소녀 세계문학전집》이 있다.

전라북도 정읍이 고향인 엄마가 서울로 올라와 자리를 잡은 동네가 마포였다. 내 유년 시절부터 대학까지의 추억이 깃든 고향과도 같은 곳이다. 형제가 하나뿐인 언니랑은 나이 차가 많이 나서 어울려 논 적이 없다. 숫기도 없어서 친구들과도 별로 어울리지 못했는데, 그나마 늘 가까이 있어 준 것이 책이었다. 1970년 후반에 학교생활을 시작하던 때는 책이 무척 귀한 시절이었다. 마포 콜라 집에 세 들어 살 때 이야기다.

콜라 집은 주인아저씨가 음료수 도매업을 하셔서 붙은 이름이다. 안 집의 대청마루에는 장식장이 있는데, 그 안에는 주황색 하드커버로 된 계몽사 《소년소녀 세계문학전집》 50권의 책이 꽂혀 있었다. 장식장 문에는 열쇠 구멍이 있어서 열쇠로 여닫을 수 있었다. 어쩌다 열렸다 싶으면 허락을 받고 한 권씩 꺼내서 읽어 보았다. 지금처럼 책의 글이 가로줄의 형태가 아닌 세로줄의 책이었다. 간혹 더 보고 싶은 책이 있으면 빌려서 보곤 했는데, 글자가 작아 빨리 읽기가 쉽지 않았고 어쩌다 읽기를 깜빡하고 놓치면 제대로 못 읽고 갖다 주곤 했다. 하지만 매일 장식장에 꽂혀 있는 책들을 볼 때마다 '언젠가는 꼭 다 읽고 말리라' 하는 상상의 즐거움에 빠졌다. 하지만 상상만 할 뿐 다 읽어 보지도 못하고 아쉬움만 간직한 채 다른 곳으로 이사를 하게 되었다. 아직도 못다 읽은 아쉬운 마음에 애틋한 추억으로 남아있다.

책은 내 인생의 스승이었습니다.

나보다 세상을 먼저 살아간 사람들의
순전한 기록이기 때문입니다.

그들은 우리보다 세상이라는 징검다리를 먼저 건너갔습니다.
어느 징검다리가 흔들리는지 그들은 알고 있습니다.

어느 징검다리에 이끼가 끼어 미끄러운지를 그들은 알고 있습니다.

어느 징검다리 위에서

잠시 쉬어갈 수 있는지도 그들은 알고 있습니다.

책이 당신에게도

삶과 세상과 사람을 가르쳐 줄 거라고 나는 확신합니다.

책은 세상을 건너는 징검다리입니다.

독서는 당신의 꿈을 이루어 주는 징검다리입니다.

이철환의 〈책이 내게 말했다〉라는 시 만큼 책의 영향을 집약적으로 표현한 것도 드물 것이다. 이 시처럼 책은 삶 가까이에서 심심하거나 외로울 때, 위로가 필요할 때 기꺼이 나눠주었으며 지침이 되어 주었다. 그래서 떼려야 뗄 수 없는 인생의 든든한 버팀목이다.

3년 전 아이의 문제행동으로 인해 미술 상담을 받게 되었다. 상담해 주신 K 교수께서는 검사결과지를 보면서, 내가 독서 치료에 관심을 두고 공부하고 있는 걸 아시고, 계속 상담을 진행할지 말지 결정하라고 하셨다. 나는 기꺼이 책을 선택했다. 코칭이나 드라마 치료, 기타 상담에서 내 바닥까지 드러내 보이는 경험을 통해 치유하지는 못했지만, 모두가 일반적인 상담 과정을 통해서 치유해야 한다고 생각하지 않는다. 그래서 꾸준하게 책으로 내면에 관해 공부할 것을 믿고 더는 상담을 진행하지 않았다. 다른 사람이 보기에 무모해 보일지라도 이 선택에 대한 믿음이 있었다.

육아 퇴직을 하고 시작된 독박육아 시절은 나이 40세와 맞물려 혼란의 시기 그 자체였다. 남편과의 부조화와 아이의 욕구를 참고 들어주는 데 한계치에 이르고 엄마의 병간호 부담 등이 서로 얽히고설키면서 탈진하게 되었다. 이러한 상황이 계기가 되어 나를 찾기 위한 여정을 시작하게 됐다. 참다운 나를 찾고 싶었다. 코칭이니 상담이니 찾아다니고, 심리 관련 책을 찾아서 읽었다.

《왓칭》의 김상운 저자는 개인적으로 겪은 슬픔을 극복하기 위해 혼자 공부하고 경험한 것을 양자물리학이라는 과학적 이론을 토대로 하여 마음을 치유했다고 한다. 고통을 이겨내려면 마음이 넓어야 한다고 했다. 넓은 마음은 타고나는 것이 아닌 훈련 하면서 얻어지는 것인데, 저자는 그것을 관찰자 시점으로 바라봐야 한다는 사실을 터득한 것이다.

책으로 치유해 가는 길이 더딜 수도 있을 것이다. 하지만, 꼭꼭 씹어야 음식의 맛을 느낄 수 있는 것처럼 독서를 꾸준히 하면서 한 걸음씩 걸어가고 싶다. 책은 내게 충분히 길을 인도해 주리라.

내게 책이란 무엇일까? 어릴 적에는 귀하고 소중하며, 항상 곁에서 즐거움을 주는 존재였다. 또한 삶 가까이에서 슬퍼서 위로가 필요하거나 문제해결을 해야 할 때 기꺼이 지혜를 나눠주었으며 지침이 돼주었다. 우리가 인생이라는 망망대해를 헤쳐나감에 있어서 나침반이 없다면 배는 좌충우돌하면서 험난한 항해를 해야만 한다. 하지만 책이라는 나침반은 원하는 목표를 향해 바른길로 나아갈 수 있는 안내자 역할을 해주고, 삶의 희로애락을 나눌 수 있는 동반자이며 마음공부의 선생님이 되어 줄 것을 믿어 의심치 않는다.

엄마는 내가 좋아?
엄마가 좋아?

로버트 스티븐 캐플런의 《나와 마주 서는 용기》에서 "대부분 사람은 자신의 나침반이 아니라 다른 누군가의 나침반에 기대어 길을 찾아가는 습성이 있다"고 말한다. 내 결혼이 그랬다. 인생의 나침반이 되어줄 사람이 필요했다. 청춘 시절은 좌충우돌, 여기저기 기웃거리다 실패한 일들로 점철돼 있었다. 어느 육아 전문가는 아버지의 역할은 차도의 중앙선 같은 경계선을 가르쳐주는 것이라고 말했는데, 아빠가 없이 자란 탓일까? 내겐 명확한 경계선이 없었다. 어디까지가 나를 보호할 울타리이고, 어디까지가 남이 내 울타리 선을 침범하면 안 되는지 그 경계선이 모호했다. 하고 싶은 일을 시도할 때도 현실적으로 타당한지 파악하지 못하고 정확한 목표도 계획도 없이 덤벼들기 일쑤였다. 인간관계에서도 누군가 부탁하면 무조건 들어주는 것이 최선인 듯 제때 거절하지 못해 힘들게 질질

끌려다니는 일도 빈번했다.

30대 초반에 들어서자 친구들이 하나둘 시집가서 애 낳고 집 사는 모습을 보자, 불안이 엄습해 왔다. 하고 싶은 일을 꽉 쥐어 잡 고 성공도 못 하면서, 나이는 들어가고, 점점 연로해지시는 엄마도 걱정되었다. 이러다간 혼자서 세상 풍파에 휩쓸려 살지 못할 것만 같았다. 사람들이 흔히 말하길 '해도 후회, 안 해도 후회'라는 '결 혼'을 생각하게 되었다. 다른 무엇보다 자신만의 확고한 나침반을 가진 남자가 믿음직스러워 백년가약을 맺었다. 어떤 모진 역경이 닥쳐와도 이 남자를 신뢰하면 삶을 잘 헤쳐나갈 것 같았는데, 현실 은 생각했던 것과 차이가 있었다. 부푼 기대보다 성격 차이로 인해 갈등을 많이 겪었다.

대학 졸업 후 줄곧 사서로 일했는데, 출산 전날까지 일한 곳은 K 초등학교 도서실이었다. 산부인과 병원에서는 노산이라며 태아가 이상이 있는지 양수검사를 권유했는데, 나는 이상이 있어도 낳겠 다며 거부했다. 혹시 양수검사를 하다가 만에 하나라도 태아를 건 드려 문제가 생기지는 않을까, 그것이 더 염려되었다. 임신 후 조심 스레 일한다고는 했으나 양수가 일찍 터져서 10시간이 넘는 산통 끝에 한 달 빨리 출산했다. 한 품에 안는데 어찌나 작고 여린지, 정 말 유리같이 조심스러웠다.

네가 처음 세상에 온 날

해도 너를 맞으러

어둠 속에서 얼굴을 내밀었지.

네가 내게 왔다는 것,

그건 기적이었어.

최숙희의 《너는 기적이야》에서처럼 아기의 탄생은 말 그대로 위대한 '기적'이었다. 기쁨도 잠시 아기의 연약한 몸은 심한 황달로 인해 격리치료를 받아야 했다. 플라스틱 상자 안에서 안대를 하고 온종일 불빛을 계속 쐬었다. 어쩌면 산모가 퇴원할 때가 돼도 아기는 계속 치료받아야 할 수 있다고 해서 제발 퇴원만은 같이하길 바라고 바랐다. 신생아실 한쪽, 치료 상자 안에 있는 아기가 잘 견뎌내길 매일 타들어 가는 심정으로 지켜보곤 했다.

엄마에게 출산 소식을 알렸건만 하루 이틀이 지나도 오시지 않았다. 시어머니는 손자가 '아들'이라는 사실에 흡족하여 몇 번이나 왔다 가신 터였다. 엄마에게는 퇴원을 앞둔 시점에서 통사정해서 오시게 했다. 참말로 그때의 서운함이란…. 병실에 도착한 엄마에게 왜 빨리 안 오셨냐고 묻자 언니 때도 출산 후 바로 아기 보러 가지 않았다고 둘러대신다. '나 원 참, 형평성을 고려해 안 오셨다니…' 사정이야 어떻든 엄마가 오니 반가웠다. 다행히도 엄마 덕에 산후조리는 조리원에서 할 수 있었다. 연로하신 엄마는 몸조리를 못 해 주신다며, 요즘은 산후조리원에서 다들 한다며 비용을 대주셨다.

나에게 별로 신경을 안 쓰는 줄 알았는데, 그래도 자식이라고 큰일 있을 때마다 물질적으로 지원해주시는 마음에 고마움이 느껴졌다.

육아휴직 3개월 후 복직하려고 했으나 양가 어머님께 맡길 수 없는 상황에서 남편과 육아에 대한 실랑이가 벌어졌다. 남편은 내가 정직원도 아니고, 급여를 200만 원 이상 받는 것도 아니니 아이를 어린이집에 보내면서까지 다닌다는 것은 현실적으로 수지가 안 맞는다고 했다. 즉, "애 엄마가 아이를 키우는 것이 남는다"라는 얘기였다. 난 애 낳으면 일을 그만둔다는 생각을 한 번도 해본 적이 없었다. 평생 일을 하신 엄마를 보고 자란 탓인지, 일하는 것은 당연한 일이었다. 예상과는 다르게 초등학교 도서실을 마지막으로 사서직을 그만두게 되었다. 복직을 얼마 앞두고 퇴직을 결심했다. 속설에 의하면 "엄마가 6년까지 키우면 아이의 정서가 안정된다"라는 말에 희망을 건 결정이었다.

아이는 첫 돌이 지나자 잔병치레를 많이 했다. 혹시나 몸이 부실한 나를 닮아서 아픈 것은 아닌지 아플 때마다 자책하곤 했다. 내 우려와는 조산한 아이는 정상적 발달에 뒤처지지 않고 잘 자라주었다. 18개월이 넘어가자 아이는 사물의 인지를 잘하고 똘똘해졌다. 아이의 변화를 느끼자 교육에 대해 신경이 쓰였다. '이 세상 하나뿐인 아이에게 어떤 것을 해주면 좋을까?' 고민하던 차, 시어머니에게서 신문 스크랩 한 장을 받게 되었다. 《삼남매 독서영재 육아법》이라는 유은정 저자의 도서소개 기사였다. "이것이 정답이다!"

를 외치며, 바로 도서관으로 달려가 대출해서 읽어 보았다. 아이를 독서로 키우는 데 이 책이 결정적 역할을 했다. 많이 읽혀서 한글을 빨리 떼 스스로 책을 읽는 아이로 키우고자 결심했다. 책을 사기 시작하니 2,000~3,000권의 책을 구매하게 되었다. 책으로 한글을 떼게 하겠다는 순수한 마음에 좀 더 욕심을 내어, 두 돌 때는 방문교육의 도움도 받아 세 돌이 채 되기도 전에 한글을 떼는 데 성공했다. 목표한 대로 알아서 책을 많이 읽는 아이로 커가는 듯싶었으나, 초등학교 3학년 때 스마트 폰이 생긴 이후로 독서량이 줄면서 다독보다는 좋아하는 책만 골라 읽는 편독을 하였다. 그 아들이 이제는 사춘기로 접어들었다. 내가 힘들게 보낸 사춘기였기에 잘 보내고 싶은 마음이 크지만 내 마음처럼 되지 않음을 실감하고 있다.

사춘기 소녀는
말끝마다 가시를 세웠다.
그저 말없이 무던히 다 받아주던 엄마

사춘기 아들에게
그때의 가시가 그대로 돌아났다.
엄마 같은 엄마가 될 수 없는 나는
가끔 가시를 피해서 간다.

부모는 가시를 안으로 세우고
자식은 가시를 밖으로 세운다.

제 살이 찢기면서도 미소 짓는 부모는
가시 돋친 자식을 온몸으로 품고도
신음하지 않는다.
다만 속으로 숨 가쁘고 힘겨울 뿐이다.

김인숙의 〈가시연꽃으로 피는 사춘기〉 시에서 "가시 돋친 자식을 온몸으로 품고도 신음하지 않는다"란 구절이 울컥 와 닿았다. 사춘기!!! 내가 엄마랑 엄청 힘들게 지낸 시기다. 못된 말도 많이 하고 엄마랑 자주 싸웠던 기억이 있다. 아들을 보며 내가 사춘기 때 엄마에게 했던 것을 떠올리게 되었다. 무엇인가 마음에 안 들어 또 박또박 말대답했을 때, 일일이 다 대답할 길 없어 묵묵히 받아주셨던 엄마의 마음이 헤아려졌다. 시시콜콜 다 풀어서 이야기하자니 구차해, 입을 다무신 것이리라. 아이만 입 다무는 게 아니다, 어른도 어이가 없으면 대꾸하기가 싫어져 입을 다물게 된다. 할 말이 없어서가 아니라 그럼에도 자식으로 품어주는 마음이 있기 때문이다. 내가 엄마가 돼서야 그 마음을 깨달았다.

엄마가 해주고 싶어도 형편상 못 해주었던 마음, 따뜻한 말 한마디 해주고 싶었으나 삶이 고달파 표현하지 못한 마음, 몸이 아파도 앓아눕지 못하고 일을 나가야 했던 마음, 혼자서 자식 키우기 힘들어 버리고 싶은 생각이 문뜩문뜩 들 때도 그래도 함께 살아야지 하는 엄마의 마음이 헤아려졌다.

살아생전 엄마가 챙겨주신 손자는 중등생이 되었다. 출산 시 약한 몸으로 태어났건만, 또래 아이들보다 키도 덩치도 크다. 어느새 이렇게 자랐나 싶게 신기하기만 하다. 만약에 아이를 낳지 않았다면 생명의 커가는 과정을 지켜볼 수 없었고, 나 자신을 돌아보지 않았을 것이고, 사춘기 때 속상했을 엄마의 마음 또한 이해하지 못했을 것이다. 내가 엄마가 됨으로써 엄마가 나를 낳아주시고 길러주심에 감사드리고, 육아가 힘들긴 해도 안 했다면 느끼지 못할 경험을 하고 있음에 소중할 따름이다.

엄마, 오늘도
이 책 읽어주세요!

5월 5일! 아마도 무슨 날인지 모르는 사람은 없을 것이다. 바로 어린이날이다. 이날을 제정하신 분은 소파 방정환으로 색동회[1] 창립 주축이시며, 어린이를 위해 늘 부르짖던 말씀이 있다.

어린이를 내려다보지 마시고

치어다 보아 주시오.

어린이를 가까이하시어 자주

이야기하여 주시오.

---

[1] 아동문학과 아동 운동을 위하여 1922년 일본 도쿄에서 방정환, 마해송, 윤극영, 손진태, 조재호 등이 창립한 단체. 1923년에 기관지인 《어린이》를 간행하여 새로운 사조에 입각한 많은 동화·동요를 발표하였다. 《표준국어대사전》

잠자는 것과 운동하는 것을

충분히 하게 하여 주시오.

지금에 육아방침으로 손색없을 정도다. 아이를 존중해주고, 이야기를 들려주고, 충분히 자고 놀게 해준다면 아이들은 건강하게 자랄 것이다. 아동문학가이신 방정환 선생님은 동화구연가이며, 《어린이》잡지와, '어린이'이란 명칭을 만드셨다. 동화구연을 통해 독립의식을 고취하고자 하셨으며, 암울한 식민지 시대를 깨쳐나갈 미래의 주역으로 어린이를 생각했기에 평생 어린이와 관련한 모든 일에 헌신의 노력을 기울이셨다. 안타깝게도 33세 젊은 나이에 세상을 떠났다. 소파 선생님과 같은 동화구연가가 된 계기는 한창 책을 잘 읽던 아이가 책을 안 읽게 되자 '어떻게 하면 다시 책을 읽게 할까?' 하는 고민에서부터였다.

동화구연은 대학전공 때 수강한 적이 있어서 친숙한 느낌이 있었다. 새로운 공부를 시작하는 데 있어서 남편과 상의했다. 남편은 아이에게 책 읽어주는 일이라 흔쾌히 승낙해 주었다. 다른 곳도 많겠지만 유서 깊은 '색동회'에서 하는 교육을 알아보았다. 마침 주말 수업이 있어서, 남편에게 아이를 맡기고 들었다. 3급을 하다 보니 상급 과정도 알게 되어 조심스레 남편에게 물어보니 정말로 하고 싶으면 하라고 했다. 그때 얼마나 고마웠는지 모른다. 이렇게 해서 2급을 따고, 2009년 1급, 2011년 전수자 과정까지 마쳤다.

사단법인 색동회에서 동화구연 1급 과정을 끝낸 후 봉사를 기점으로 구연가 활동을 하게 됐다. 색동회의 알선으로 A 도서관에서 주말 동화 수업을 맨 처음 맡게 된 것이다. 같은 색동회 아카데미 출신인 6명의 선생님과 조를 이루어 활동했다. 그런데 봉사하는 선생님들이 하나둘 색동회에서 주최하는 동화구연대회에 나가더니 입상을 하였다. 급기야 나만 대회에 나가지 않아 입상하지 못한 꼴이 되었다. 위기의식을 느낀 나머지 이래선 안 되겠다 싶어, 대회에 도전장을 내밀었다.

"엄마, 붕어빵 장사 다른 곳에서 하면 안 돼요?"

"왜 엄마가 너희 학교 앞에서 장사 하는 게 창피해서 그러냐?"

정아네 엄마는 학교 앞 시장에서 붕어빵 장사를 해요. 정아 아버지가 교통사고로 누워 계시게 된 뒤부터 엄마의 빵 장사가 시작되었지요.

"어서어서 서두르자, 늦겠다."

오늘 아침에도 정아와 엄마는 함께 버스에 탔어요.

어머니 대회 특성에 맞게 〈엄마의 눈물〉이라는 원고를 골라 각색해서 준비했다. 장소를 가리지 않고, 언제 어디서나 연습했다. 설거지할 때나 시장에 갈 때나 운동 나가는 스포츠센터 옥상에서나 틈만 나면 원고를 달달 외우면서 다녔다. 그렇게 준비를 하고 드디어 2011년 10월 제36회 (사)색동회주최 대한민국 어머니 동화구연대회, 11월 제19회 전국 선생님 동화구연대회에까지 나가 똑같이 금상을 받았다.

입상 후 들어간 곳이 (사)색동회 색동어머니 동화구연가회였다. 이곳은 색동회주최 대한민국 어머니 동화구연가대회 입상자들의 모임이었다. 여기서 동화구연가로서 등단하려면 2년간 의무봉사를 거쳐야만 했다. 2년간의 봉사를 무사히 끝내고 동화구연가 등단증을 받게 되었다. 마침내 어엿한 동화구연가가 된 것이다.

아이가 6살이 되어 유치원에 입학을 시키고 보니, 이제 내 아이뿐만 아니라 다른 아이들에게도 책을 읽어주는 수업을 하고 싶어졌다. 보통 공식적인 채용 공고를 보고 일하는 형태가 아닌 선배들의 추천이나 알음알음으로 일하는 곳을 찾아야 하는 어려움이 생겼다. 당장에 일할 곳도 없이, H 교육출판사 문을 두드려보았다. 아이에게 주로 H 교육출판사 전집을 많이 사주는 바람에 방문판매원과 친하게 지냈었는데, 급기야 유아 동화 수업을 할 수 있다고 해서 리딩코치로 일하게 됐다. 리딩코치 일은 생각했던 책 읽어주기 수업보다는 출판사의 책을 소개하고 판매하는 일이 주된 수입원이었다. 어영부영 1년의 기간이 흐르자 '지금 내가 지금 뭐 하고 있지?' 하는 자각이 일기 시작했다.

다시금 현재의 위치를 각성하며 동화구연가로서 새 수업을 알아보려고 노력하던 중이었다. A 도서관에서 같이 봉사했던 L 선생님에게서 3급부터 동화구연 교육을 다시 받아보자는 연락을 받았다. 사실 1급 자격증까지 취득한 상태라 다시 들을 필요는 없었으나 H 교육에서 동화 수업을 많이 못 한 상태라 이론 다지기도 괜찮을 듯싶어서 3급 과정을 마쳤다. 2급 과정을 마칠 때쯤, 강사님이 내가 사는 근처의 E마트 문화센터에서 강의해 줄 수 있냐고 물었다. 수업하는 동화구연 강사가 있었는데, 가을학기 종강을 몇 주 앞두고 급하게 그만두게 되었다는 것이다. 당연히 마다할 이유가 없었다. 결국, 그 자리를 꿰차고 들어가 수업을 했다. 이곳을 시작으로 어린이집 방과 후 수업, 병설 유치원 방과 후 수업, 국립특수학교 방과 후 수업, 중학교 자유학기제 수업, 고등학교 독서동아리 특강까지 두루 섭렵하였다. 특히나 국립특수학교인 H 학교에서는 남다른 경험을 할 수 있었다. 처음에는 중복장애를 가진 학생들과 말로 언어소통을 못 하는 것이 큰 어려움이었다. 하지만 학생들은 동화가 재밌다는 생각이 들면 적극적으로 몸으로 표현을 해주었다. 차츰 시간이 흐름에 따라 서로 수업에 익숙해지고, 그들의 작은 몸짓 하나라도 이해하게 되었을 때 보람을 느꼈다. 그 외 여러 군데 동화구연 특강을 통해 전업주부에서 전문 강사로서의 경력을 조금씩 쌓아갈 수 있었다.

열심히 책을 읽던 아이가 어느 순간 책을 안 읽고 빈둥거리자

도움을 주겠다고 시작한 것이 동화구연 공부의 출발이었다. 하지만 지나고 보니 놓친 게 있었다. 한창 책을 읽다가 딴짓하고 노는 것은 아이가 읽은 책을 흡수하는 시간이라는 것을 몰랐다. 또 하나, 아이에게 책을 읽어주는 일은 엄마와 아이와의 중요한 감성적 교류임을 제대로 자각하지 못했던 점이다. 충분한 시간을 갖고 읽혀주어야 했음에도 어떻게든 빨리 한글을 떼게 하려는 데만 골몰했었다. 무식해서 용감히 선택한 공부였다. 한편으로 미리 알았더라면 구연 공부를 시작할 수 있었을까 싶다. 엄마가 처음인 내가 아이의 성장과 함께 공부해 가는 것임을 알게 되었다.

80년이 넘는 생애 동안 문학뿐 아니라 철학과 과학에도 능통했던 독일의 대문호 괴테는 어린 시절 책 읽기를 좋아했다고 한다. 괴테의 아버지 역시 책 읽기를 무척 좋아했고 서재에 다양한 책이 많아 괴테의 놀이터이자 학교가 서재였다고 한다. 괴테의 어머니 역시 '베갯머리 독서교육'으로 유명하다. 밤마다 아들에게 책을 읽어주고 뒷부분 이야기는 항상 괴테 스스로 상상하여 이야기하도록 했다고 한다. 이것이 창의력의 씨앗이 되어 문학가의 토대를 이루었다 할 수 있다.

괴테의 창의력은 어린 시절 엄마가 읽어주는 독서에서 비롯되었다. 특히나 영·유아 시절 엄마가 읽어주는 책이야말로 아이의 정서적 안정 및 창의성 발달의 핵심이다. 심지어 어느 독서전문가는 아이가 원하면 초등학생 시절까지 읽어주라고 말하기도 한다. 그 시기야 아이 스스로 읽는다고 해도 영·유아시기만큼은 엄마가 읽어주는 책이야말로 최고의 교육이며, 구연으로 더 재미있게 읽어준다면 더할 나위 없을 것이다. 더불어 내 아이뿐 아니라 다른 아이에게도 좋은 책을 읽어 줄 수 있는 동화구연가야말로 사회에 선한 영향을 끼칠 수 있고 직업과도 연결될 수 있는 일거양득의 효과가 있는 멋진 일이라는 사실이 틀림없다.

쉰 번째 생일, 오 작가의
이중생활이 시작되다

우리 동네 담배가게에는 아가씨가 예쁘다네

짧은 머리 곱게 빗은 것이 정말로 예쁘다네

온 동네 청년들이 너도나도 기웃기웃기웃

그러나 그 아가씨는 새침떼기

가수 송창식이 부른 〈담배가게 아가씨〉 노래 가사다. 이미 결혼을 했으니, 담배가게 아가씨가 아닌 아줌마라고나 해야 할까?

"에쎄 라이트 주세요."

"더원 블루 주세요."

"레종 블랙 주세요."

손님들이 많이 찾는 베스트 상품명이다. 남편은 연중 365일 24시간 문 여는 가게를 해서, 재작년부터 가게 일을 돕고 있다. 담배는 매출 효자상품으로, 같은 구역 내 점포 중에서 우리 가게는 늘 상위권에 든다. 어느 때는 꼭 '담배 가게에서 일하는 게 아닌가?' 하는 착각이 들 정도다. 입점 위치는 임대아파트를 끼고 있으며, 택시기사하고 남자 어르신들이 주 고객인 까닭이다.

한창 잘나가던 동화구연강사 일도 5년 차가 넘어서니, 무언가 이름 모를 답답함이 몰려왔다. 수업은 계속하고 있되 좀처럼 발전되어 나간다는 생각이 들지 않았다. 나 자신의 성장을 위한 수업이 아닌 반복된 수업의 연장선이었다.

2015년 5월, 갑자기 엄마 배가 아파서 병원에서 진찰을 받았는데, '담낭암' 말기였다. 엄마는 3개월 시한부 판정을 받았다. 이제, 남은 시간도 얼마 없는 엄마를 24시간 간호하고 싶은 마음이 굴뚝같았으나, 매주 다섯 군데 수업을 맡긴다는 것이 여의치 않았다. 그렇게 내 일상을 유지한 가운데, 메르스가 극성이던 6월, 엄마를 하늘나라로 보내드렸다. 아무 생각 없이 1년을 보냈고, 2년 차에 들어서니 무엇인가 엄마를 위해 해드릴 게 없을까 생각하게 되었다. 한평생 고생만 하다 가신 엄마가 불쌍하고 가여웠다. 그리고 마지막에 베풀어주신 사랑의 은혜를 갚고도 싶었다. 고심 끝에 엄마에 대한 책을 쓰기로 했다. 엄마와 있었던 추억을 담아내고 싶은 마음이 차올랐다.

우연히 2017년 말에 동네 구립도서관에서 책 쓰기 특강 공고를 보고 단박에 신청했다. 특강 후 책인사(책 쓰기로 인생을 바꾸는 사람들) 실전반 수업을 듣게 되었으며, 지금은 개인 저서 출간을 준비하고 있다. 단순히 엄마에 대한 글을 남기고자 한 것이었는데, 일상에 큰 변화를 가져다주었다. 하고 싶은 일에 몰입하는 힘, 우선순위를 둔 일에 시간을 배분할 수 있었고, 나눔에 대한 마음을 키울 수 있었다. 또한, 엄마와의 추억을 돌이켜보는 글쓰기뿐 만이 아닌 자신을 들여다보고 정리하는 시간이 되었다.

작년부터 과감히 동화구연 강사 일을 쉬고 책 쓰기에 몰두하고 있다. 남들은 말한다. 그래도 고정된 수업이 있는데, 그만두는 게 아깝지 않냐고… 그렇지 않았다. 내 삶의 가치는 다른 데 있었기 때문이다. 글을 쓰는 일은 돈벌이 이상의 존재가치를 찾아주었다. 절대로 다른 그 무엇과도 비교할 수 없는 일이다.

"남을 위해 실컷 살아왔으니, 적어도 남은 생애 동안에는 자기를 위해 살아보자. 우리의 생각과 계획을 우리 자신과 우리 자신의 안락 쪽으로 다시 향하게 하자. 세상을 피해 안전한 곳에 숨어서 산다는 것은 결코 쉬운 일이 아니다. 다른 일에 관여하지 않아도 우리는 그것만으로도 바쁘다. (중략) 우리를 다른 곳에 매이게 하고 자신에게서 멀어지게 하는 강압적인 구속으로부터 도망치자. 우리를 옭아매는 강력한 의무에서 벗어나 이제부터는 이것저것 즐겨봐야 한다. 그리고 무엇보다 자기 자신 외에 어떤 것도 신봉해서는 안 된다. 다시 말해, 그 무엇과 관계를 맺어도 좋으나, 그것들이 우리에게서 떨어져 나갈 때 우리의 살갗과 살점까지 떼어갈 정도로 그것들에 집착해서는 안 된다. 세상에서 가장 중요한 일은 남에게 예속되지 않고 스스로 설 줄 아는 것이다."

몽테뉴가 지은 《수상록》 중에서 일부를 골라 선집으로 엮은 《나이 듦과 죽음에 대하여》에 수록된 글이다. 그는 측근들의 죽음을 지켜보면서 깊은 성찰을 통해 삶의 근원을 알고자 했다. 나 또한 엄마가 가시고 나니, 삶과 죽음에 대해 다시 한번 정리하는 계기가 되었다. 본업인 강사 일을 접었다고는 하나, 경제활동을 아예 안 할 수는 없는 노릇이었다. 낮에는 가게 일하고, 저녁에는 글을 쓰고 있다. 예전 같으면, 저녁밥 먹고 쉬다가 잠들고 말았을 텐데 이제는 빨리 먹고 진짜 내 일을 해야 하기에 마음이 바쁘기만 하다. 이 바쁨이 스트레스를 받는 것이 아닌, 하고 싶은 일이기에 몸이 저절로 움직이게 된다. 영감이 떠올라 잘 써질 때도 있고, 안 써질 때도 있지만 육체를 위해 늘 밥을 먹듯이 내 영혼을 위해 항상 독서와 글을 써야 한다. 글을 쓰면 머릿속의 복잡한 생각이 정리되며, 마음이 정화된다. 할 수밖에 없는 일 이 됐다.

일본에서는 2017년 63세, 늦은 나이로 작가로 데뷔한 고령의 와카타케 지사코 씨가 있다. 《나는 나대로 혼자서 간다》로 같은 해 제54회 문예상 수상에 이어, 올해 제158회 아쿠타가와상까지 받았다. 그녀의 한국어판 소설 출간을 기념하며 진행한 인터뷰에서 "'나이가 들어서 늦었어, 안 될 거야'라고 몇 번이나 생각했지만 어쩐지 포기할 수 없었습니다. 결국, 여기까지 오게 됐네요"라고 말하며, 나이가 들면 오히려 자기 주도권과 결정권이 생겨서 좋다고 한다.

나도 언젠가는 책 한 권쯤 출간할 생각은 하고 있었다. 아무래도 동화구연강사로서 그림책을 많이 읽다 보니, 자연스레 그림책을 내고 싶었다. 그런데 뜻밖에도 갑작스러운 엄마의 선종(善終)으로 인해 책 쓰는 시기가 이렇게 앞당겨질 줄 몰랐다. 엄마에 관한 책을 준비하면서, 작가로서의 길을 생각하게 되었다. 글을 잘 써서, 문학적 교양이 풍부해서가 아닌 엄마가 생애 마지막에 베풀어주신 사랑을 실천하고 싶은 마음이 컸다. 책 쓰기는 나눔이다. 엄마의 육체는 떠났어도 남겨주신 정신은 내 나이 반 백 살에 작가로서 제2의 삶을 살도록 열어주셨다.

그럼, 작가로서 어떻게 살고 싶은가? 지난여름 한 신문 기사에 그림책 작가 미우 씨가 소개되어 눈길을 끌었다. 덕평휴게소, '책 읽는 버스' 이동도서관에서 본인의 책을 구연으로 들려주는 모습이었다. '맞다! 이거야. 내 책으로 이야기를 들려주는 거야.' 엄마에 관한 책으로 출간을 앞두고 있지만, 동화구연가로서 그림책 작가의 꿈도 키우고 있다. 너무 벅찬 일처럼 느껴질 수 있으나 목표를 세워 도전하면 가능하지 않을까? 지레 겁먹고 실패할까 두려워하지 않는다. 우물쭈물하다 놓치는 시간이 더 두렵다. 엄마의 돌아가심으로 새롭게 깨달았다. 오늘의 시간이 얼마나 소중한 것인지 말이다. 이제서야 깨우침은 어리석다고 말 할 수 있겠으나 시간이 이렇게 오래 걸린 것도 내 삶이기에 받아들이며 나아 갈 것이다.

내가 왜 태어났는지 모르겠다고 엄마를 원망만 했던 사춘기 시절, 그 시기를 보내고 나니 지금은 엄마를 통해 나누면서 사는 삶을 조금이나마 알게 되었다. 삶에 정답이 있을까? 초고처럼 끊임없이 고치며 사는 것이 살아있는 삶이 아닐까! 하늘에서도 내가 하는 일을 무조건 응원해주고 지지해 주는 엄마를 믿기에 작가로서의 도전하는 삶을 멈추지 않을 것이다.

I AM 장현주

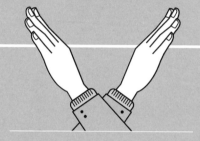

햇빛이 비추는
오르막길에서
'나'를 만나다

어릴 적부터 매번 어른들에게 "넌 어떻게 끝까지 하는 게 하나도 없니?" "너 커서 뭐가 될래?", "너 같은 애는 처음 본다." 등의 부정적인 이야기를 들어왔다. 그녀 자신도 자신이 정말 그런 사람인 줄 알고 무엇 하나 끝까지 해내지 못하고 살아왔다. 하지만 24세의 나이에 우연히 접한 '풍선아티스트'의 길을 선택한 이후로, 학생상담 봉사와 교육지원청 NEW-START 상담원, 그리고 글을 쓰는 작가로 성장과 변화를 거듭하면서, 지금은 자발적으로 움직이며 어떠한 일에도 적극적인 모습을 보이는 '열정의 아이콘'으로 불린다.

2012년부터 7년간 카카오 스토리에 꾸준히 업로드하고 있는 이야기들은 그녀의 성장 일기로서, 그녀 인생의 행복과 열정이 고스란히 담겨있다. 2019년 2월에는 학생상담 봉사자로서의 공로를 인정받아 사회부총리겸 교육부 장관 표창을 받았다. 그녀는 누가 뭐래도, 자신의 인생의 주인이 되고자 하는 사람들을 위하여 벌룬 아티스트, 심리 상담사, 작가로서 자신을 성찰하며 많은 사람의 아픔과 고통을 공감하며 위로하고 돕는 삶을 살아가고 있다.

❄ KAKAOSTORY @balloonart
❄ FACEBOOK @rhrh72

×

나를 이끄는 단 두 가지, 충동과 영감

흔히들 '충동적이다'라고 하면 부정적인 느낌으로 색안경을 끼고 바라본다. 충동적인 사람들을 사회적으로 성숙하지 않은 존재로 인식하고, 잘못된 결정으로 인한 책임을 지지 않는 미숙한 사람들로 치부하는 경향이 있다. 그런 편견으로 나 역시 사회적으로 많은 오해와 에누리를 당하며 살아왔다. 실제로 덤벙거리는 성격 탓에 미숙한 면도 없진 않았던 것을 인정한다.

나는 무언가를 준비하거나 시작할 때 그리 오래 고민하지 않는다. 순간 나의 뇌리를 강타하는 강한 영감에 의해 선택하고 진행해 왔다. 모든 일 처리가 다 그런 것은 아니지만 많은 부분 그렇게 해 온 것 같다. 때로는 내 생각과 느낌에 맞아떨어져서 좋은 결과로 나타나기도 하고 생각보다 못한 결과에 실망하기도 했지만, 나 스스로 믿고 선택한 결과이기 때문에 크게 후회하거나 실망하지 않왔다. 내가 가진 올바른 가치관을 믿고 언제나 주도적으로 선택하고 책임져왔기 때문에 삶의 만족도가 높았다.

예를 들면 내가 풍선아트를 선택할 때의 일이다. 어느 날 아침 밥을 먹고 밥상을 치우며 우연히 TV에 나온 정보 프로그램에 풍선아트가 소개되는 것을 보았다. 나는 그것을 보는 순간 동공이 확장되고 가슴이 두방망이질하였다. 곧 그것을 꼭 배우고 싶다는 열망에 휩싸였다. 하지만 그 당시 나의 현실은 겨우 8개월 된 아들이 있었고 내가 사는 지역도 경북 구미였다. 그러나 풍선아트를 배우게 될 곳은 서울이어서 너무 멀다고 느꼈다.

남편도 나중에 아이가 좀 더 큰 후에 배우라고 했고, 나도 혼자서는 서울을 가 본 적이 없어서 두려움이 앞섰다. 하지만 남편에게 부탁하기 시작했고 나중엔 아이처럼 고집을 부렸다. 이때 아니면 절대 배울 수 없을 것처럼! 내 인생 단 한 번의 마지막 기회인 것처럼 설득에 설득을 거듭하여 결국 허락을 받아냈다. 매주 서울을 8개월짜리 아기를 업고 다니며 아이는 고모님 댁에 맡기고 12주간이나 서울을 오가며 배웠고, 결국 나는 풍선아트 전문가가 되었다.

그 이후 23년간 나는 풍선아티스트로 수많은 작품과 각종 행사에 없어서는 안 되는 풍선 데코레이션으로 많은 고객에게 감동을 선사하는 일을 하게 되었다.

풍선아트는 나에게 큰 자신감의 회복과 높은 자존감, 그리고 자아 효능감을 심어주었다. 어딜 가나 대인관계에 자신이 있었고 특히나 풍선아트는 내가 어린아이들을 다루는 데 탁월하다는 것을 알게 해준 좋은 도구였다.

수많은 풍선아트 강의, 1살 돌잔치 아이부터, 어린이 생일파티, 지역행사, 관공서 행사, 기업체 행사 등 실로 다양한 풍선아트 행사 경험을 했다. 일반인이라면 가보지 못했을 곳, 경험하지 못했을 것들을 경험하면서 대인관계의 폭도 확장되었고, 많은 변수에 대응하는 순간 대처능력도 많이 개발되었다. 어떠한 문제도 해결 못 할 일이 없으며 그 결과는 성과로 나타나 내 일에 큰 만족을 얻게 되었다.

작은 돌잔치 풍선아트 장식이나. 대형 지역행사를 할 때나 크고 작은 성취감들은 나를 성장시키는 원동력이 되어 주었다. 나중엔 전국의 풍선아트 장식가들 앞에서 강의도 하고 내가 직접 개발한 풍선아트 작품이나 기법을 선보이며 강의한 경험도 잊지 못할 짜릿함으로 남아 있다. 전국 풍선 장식가들의 커뮤니티에서 내 이름을 모르는 사람이 없을 정도로 활동이 왕성했고 애정을 가지고 일과 사람들을 사랑했다. 호기심에서 시작한 일이었고 남편의 반대와 주변의 반대에도 불구하고 고집스럽게 시작한 풍선아트였지만 나를 성장시키고 내가 가장 나답게 빛나던 시절이었다. 스스로 선택한 풍선아트로 나는 내 인생의 커다란 선물을 받았다.

두 번째로 나 자신을 믿고 내 고집대로 신념대로 밀고 나가서 성공했던 경험은 지금으로부터 15년 전에 시작되었다.

풍선아트 일을 직업으로 계속 이어가던 중 작은 단체에서 봉사 활동을 하던 시절의 일이다. 소속 회장님이 또 다른 단체에서 학생 상담 봉사를 하고 있다는 이야기를 듣고는 관심을 두게 됐다. '나도 그런 봉사단체에 가입한다면 내 아이 하나는 잘 키울 수 있겠다'라는 소박한 마음으로 추천을 받아 상담 봉사를 시작하였다.

그동안 풍선아트로 많은 아이를 만나 왔고 나름대로 이런 일은 자신 있다고 생각했다. 하지만 착각이라는 사실을 깨닫는 데는 그리 오래 걸리지 않았다. 잘 먹힐 상담기법이나 좀 배워서 학생들 가볍게 만나는 일쯤으로 만만하게 생각했는데 그게 아니었다. 봉사활동에 앞서 우선 자신을 들여다보고 성찰하는 공부를 해야 했는데, 나에겐 무척이나 생소하고 어렵게 느껴졌다. 나 스스로 알고 있던 부분과 미처 깨닫지 못했던 자신의 민낯을 봐야 할 때는 인정하기도 싫었고 정말 도망가고 싶고 다 포기하고 싶을 만큼 힘이 들었다. 울기도 많이 울었다. 하지만 나는 도망치지 않았고 끝까지 버텨냈다. 그 많던 동기는 각자의 이유로 상담실을 떠났고 나는 13년이 지난 지금까지도 학생상담 봉사실을 지키고 있다.

많은 초·중·고 학생들의 상담 봉사를 하였고 상담 6년 차부터는 '교육지원청 WEE센터의 NEW-START 상담원'과 초등학교 전임상담원으로 위촉되어 학교 위기 학생과, 부모님, 교사 상담까지 함께하면서 많은 위기 학생들을 돕는다는 자부심으로 상담 활동을 계속해나가고 있다. 학업중단위기 학생들의 원적 교 복귀를 목적으로 상담했지만, 가끔 학교가 정답이 아닌 학생들이 있다. 부모와의 갈등이나 학업에 대한 부담감, 교사와의 갈등 등으로 자퇴를 결심하는 학생들 부류와 너무나 시대에 뒤처진 공교육과 자신의 진로와 개성이 무시되는 획일화된 학교시스템에 문제점을 지적하며 떠나는 아이들도 점점 늘어나는 추세다. 후자의 경우는 부모님들이 아이를 믿고 적극적으로 지지해주는 경우가 많다. 그런 학생들은 검정고시나 대안학교, 방송통신고, 홈 스쿨을 진행하기도 한다. 또 자퇴 후 학교 밖 청소년으로서 지역사회 청소년 상담센터 등에 연계하기도 한다.

청소년기 학교 부적응 학생들은 스스로 통제하기 어려운 감정의 혼란으로 정서가 흔들려 버리면 지각, 조퇴, 결석, 가출, 비행 등으로 빠지기 쉬워진다. 그런 아이를 대화로 타일러서 다시 학교로 보내기는 여간 어려운 일이 아니다. 나 또한 상담 약속 시각에 오지 않는 아이를 찾아 집으로도 가보고, 유흥업소에도 가보는 등 별의별 짓을 다 해보았다. 우아하게 상담실에서 아이를 기다리기엔 시간이 촉박했다. 뉴 스타트 상담이라는 것이 퇴학이나 자퇴가 거의 결정된 아이에게 마지막으로 받아보는 숙려기간 같은 의미가 있고 거의 학교에서 학생에게 해주는 마지막 배려라고 할 수 있기 때문에 정해진 회기 내에 상담이 종결되면 그걸로 자퇴할 수 있기 때문이다. 그래서 조금이라도 상담의 결과를 좋은 방향으로 이끌고자 아이를 찾아 헤매기도 했던 것 같다.

나는 학생을 상담할 때 부모 상담을 더 중요하게 생각하는 편이다. 사실 부모가 인식이 바뀌고 아이를 바라보는 시각이 조금만 변화되어도 그 가정은 다시 평화롭게 살 수 있다. 쩍쩍 갈라져서 마른 논같이 메마른 가정이 있기도 하지만, 대부분 서로를 사랑하고 있다. 다만 사랑의 표현법이나 원하는 바를 제대로 표현하지 못하여 서로에게 오해가 쌓이는 것이다. 그러면 섭섭한 마음에 입을 닫아 버리거나 매섭고 아픈 말로 서로 상처를 주기도 한다. 결국, 마음의 문을 닫고 소통이 단절되어 버린다. 정말 안타까운 일이다. 그러나 부모도 함께 상담하면서 서로를 바라보게 하고 서로의 입장을 느껴보게 하고 표현하게 해봄으로써 많은 부분 서로에게 쌓인 오해가 풀리고 정말 사랑을 표현하는 법을 배우다 보면 다시 관계가 회복되는 신비를 맛보게 된다.

흔히들 부모들은 자신이 못 받은 부분을 아이에게 채워주거나 받고자 한다. 하지만 그것은 부모가 원하는 사랑 방식이지 자녀가 원하는 방식은 아니다. 아이는 다른 방법으로 사랑을 받고자 한다. 사랑은 철저히 수요자 중심이어야 한다. 부모가 주고 싶을 때 주거나, 부모가 주고 싶은 방법으로 주는 게 아니다. 철저히 아이가 원할 때, 아이가 원하는 방법으로, 아이가 원하는 양 만큼 주어야 한다. 부모들은 흔히들 내 모든 걸 희생해서 주었건만 부모의 사랑을 몰라주는 아이에게 섭섭해하고 자신의 어린 시절과 비교하며 분노한다. 다시 한번 말하지만, 부모는 내 모든 사랑을 주었지만 아이는 받은 적이 없는 황당하고 밑지는 장사는 이제 그만하자.

철저히 수요자 중심의 사랑이어야 한다는 사실을 잊지 말자!

인생의 많은 미해결 과제들이 해결되며 삶이 이전과 달리 훨씬 수월해지고 고통도 느긋하게 바라볼 수 있는 여유가 생겼다. 작은 것도 크게 기뻐하는 마음과 더불어 주관적 행복감도 높아졌다. 나에게 학생상담 봉사의 경험은 나의 의지대로 선택하고 실행한 행동 중에 최고의 선택이었다고 자부한다.

과거가 나를 무너뜨리기 전에
과거와 화해하라

내가 초등학교 5학년쯤의 일이다.

엄마가 밭에서 일하고 돌아올 시간이다. 슬슬 마음에 긴장이 되고 숨이 가빠진다. 나는 주변을 둘러보며 정리 정돈은 잘되어 있나? 엄마가 해 놓으라는 빨래, 청소는 해 놓았나? 먼지 앉은 마루는 닦아 놓았나? 빠르게 다시 점검한다. 그렇게 해 놓고도 엄마의 눈치를 보기 바빴다. 혹시 엄마가 음성이 높아지거나 뭔가 낌새가 좋지 않으면 얼른 주변을 살피며 몽둥이로 맞을 것들을 치웠다.

맏딸인 나는 늘 엄마 보기에 부족한 딸이었다. 아무리 열심히 해도 엄마 성에는 차지 않았던 것 같다. 내 성격이 엄마 보기에는 덜렁거리고 여자애답지 못하고 놀기 좋아하는 아이였던 것 같다. 엄마 입장은 둘째 치고서라도 나는 늘 억울하고 마음에 원망이 있었다 하지만 엄마가 무서워서 감히 그 마음을 표현하지 못했다. 오히려 어린 나이였지만 엄마가 농사지으며 나와 동생들을 키우시느라 힘드니까 그럴 거라고 생각하며 애써 엄마를 이해하려고 애썼던 것 같다.

그날도 여느 날과 다르지 않았다. 학교를 터덜터덜 걸어서 집으로 돌아온 나는 마루에 가방을 던지고 벌러덩 누웠다. 모든 게 힘들게 느껴지던 때였는데, 그날 특히 누적된 마음이 터진 것 같다. 나는 당시 5학년이었다. 잠시 적막이 흘렀다. 나는 순간 '그래! 죽어야겠다'라는 생각이 들었다. 나는 곧장 부엌으로 걸어가 쥐약부터 찾았다. 찬장이나 서랍을 여기저기 뒤지니 내가 익숙히 알던 쥐약 봉투가 나왔다. 누가 말릴 사이도 없이 파란 과립의 쥐약을 거침없이 입에 밀어 넣었다. 두 숟가락이나. 물을 들이켜 입안의 모든 쥐약을 목구멍으로 넘기고 나니 갑자기 눈물이 주르륵 흘렀다. 부엌 아궁이에 불 때느라고 검게 그을린 부엌 천장을 한번 둘러보고는 밖으로 나가 집 주변을 한 바퀴 돌아보며 흐느껴 울었다. 곧 죽을 거란 생각이 들어서 그런지 집안 곳곳이 추억으로 느껴지면서 눈물이 멈추질 않았다. 그리고 방으로 들어와 베개에 반듯이 누웠다. 12살 내 인생이 너무 불쌍하고 슬프다고 생각했다. 눈물이 볼을 타고 흘러 자꾸 귓구멍에까지 눈물이 들어와 불편했다. 그리고 난 까무룩 죽었다.

죽었는지 잠이 들었는지 모를 시간이 얼마나 흘렀는지 모르지만, 밖에서 엄마 목소리가 들렸다.

"핸주야~ 핸주야~"

나를 부르는 엄마의 날카로운 목소리에 놀라 번쩍 눈이 뜨였다. 순간 나는 "아! 아직 안 죽었네. 다행이다"라는 말이 새어 나왔다.

"이노무 가시나 집에 불도 안 키고 뭐 하노?"

그 소리에 나는 방문을 급하게 밀치고 나오며 아무렇지도 않은 듯 말했다.

"엄마 미안~ 학교 갔다 와서 너무 피곤해서 잠깐 잔다는 게 지금까지 잤네…"

이상하게도 그날은 엄마가 아무 말도 안 하고 넘어가셨다. 그날의 일은 아무도 모른 채 내가 마흔 살이 다 되도록 비밀로 지켜왔다. 그러다가 내가 상담 공부를 하고 나서 말할 기회가 있어서 엄마에게 모든 이야기를 털어놨다. 그러나 엄마는 믿을 수 없다고 하시며, 내가 거짓말을 하는 것 같다고 했다. 아픈 이야기를 조심스레 꺼냈는데 엄마의 반응에 난 감정이 폭발해버렸다. 그제야 엄마가 내 말을 믿어주고는 그 당시 나의 고통이 조금은 와닿으시는지 나를 안아주고 눈물을 흘리며 사과했던 일이 있었다.

16살 겨울이었다. 어려운 가정형편을 이유로 공장을 다니게 되었다. 어느 날 갑자기 사촌 오빠가 왔다. 엄마보다 나이가 한 살 많은 오빠였는데, 집안이 어려우니 내가 공장에 다니길 권했다. 학교도 다니고 돈도 벌 수 있다며. 나는 맏이로서 별다른 저항 없이 그렇게 하겠다고 했다. 사실 다음 날이 고등학교 첫 번째 입학금을 내는 날이었는데 나는 아이러니하게도 그날 공장에서 처음 입어보는 회색 작업복을 입고, 무서운 굉음을 내며 돌아가는 기계 앞에 서게 됐다. 그렇게 내 의지와는 상관없이 무언가에 밀려서 떠다니는 부초처럼 나는 지구 어느 구석 공장에서 실을 뽑았다.

고등학교 3년간 일과 공부를 병행하였고 사실 공부는 거의 손에서 놓다시피 했다. 시계추처럼 영혼 없이 공장과 학교를 왔다 갔다만 하였다. 고등학교 2학년 때 이런 생활이 너무 싫어 죽을 만큼 매달리며 다시 일반 고등학교에 다니게 해달라고 부모님에게 부탁했지만 어려운 가정형편을 드시면서 그냥 이 학교에서 졸업해주기를 부탁해왔다. 나는 다시 부모님의 말씀을 들었지만 내 마음속에선 부모님에 대한 희망과 기대는 접게 되었다. 철저히 고립되고 세상에 나를 도와줄 사람은 없다고 느껴졌다. 마치 버려진 느낌으로 살아갔다.

몸도 마음도 지친 나는 마음에 위로받고 쉴 곳이 필요했다. 그러다 어느 날 나를 너무 아끼고 사랑해주는 한 남자를 만났고 고통스러운 현재로부터 도망치는 심정으로 결혼을 선택했다. 그때 내 나이 겨우 22살이었다. 그때는 그저 사랑인 줄로만 알았다. 처음 받아보는 넘치는 사랑에 혼수상태에 빠졌다고 하는 말이 맞을 것이다. 결혼 생활은 예상대로 무척 행복했고 그 사랑의 결실인 예쁜 아들도 낳고 잘살고 있었다.

만으로는 20세, 너무 이른 나이에 결혼해서일까? 수년을 지나 정신을 차리고 보니 내가 언제 결혼을 했는지, 언제 아이를 낳고 기르고 있었는지, 기억 상실에서 깨어날 때처럼 머리가 너무 지끈거리게 아파져 오고 이 모든 것이 꿈이 아니라 현실이라는 게 믿을 수 없었다. 그 당시 겨우 25살이었다. 고등학교를 마치고 이내 결혼해 버렸으니 몸은 비록 어른이 되었지만, 정신적인 면이나 내적 성숙도는 어른에 한참 못 미치고 있었다. 나는 인내심이 없었고 고통과 외로움을 회피하려고 결혼을 선택했듯이 다시 고통으로부터 도망치기 위해 이혼을 선택하기에 이르렀다. 그로 인해 아이와는 지옥같이 아픈 생이별을 하게 되었고 너무나 힘든 인생을 스스로 자처한 셈이 되었다. 나는 참 비겁했고 못났었다.

그러다가 이혼 후 6년이 지나고 지금의 남편을 만났다. 그리고 지금껏 20년을 한결같은 마음으로 사랑을 주고받으며 살아가고 있다. 남편을 만나서 나는 진정으로 존중받는 것이 무엇인지, 진정한 사랑이 무엇인지 배우게 되었다. 남편 또한 나를 만남으로써 서로가 성장하는 관계로 발전해 나가고 있다. 그사이 나는 지난 세월을 반성하는 시간을 가졌다. 어린 시절에 너무 힘들었던 탓인지 힘들고 아픈 것은 일단 회피하고 달콤하고 즐거운 것에만 집착했던 지난날을 생각하며 쓰디쓴 고통도 인생의 한 부분임을 받아들이고 삶의 방향을 재설정하였다. 가장 먼저 지혜롭지 못하고 어리석었던 나와의 화해를 시작으로 어린 시절 고통을 준 엄마와 화해하게 되었고 지금은 전혀 다른 모녀 관계를 새롭게 만들어 가고 있다.

그러나 과거 엄마의 연약한 모습을 들추어내려는 건 아니다. 2019년의 나의 엄마는 너무나 훌륭하시고 유쾌하시고 긍정적이며 대범하시고 자식들을 위해 큰 희생을 감내하고 본인 인생 전체를 내어준 훌륭하고 존경하는 나의 위대한 어머니다. 같은 여자로서 그리고 엄마로서 지금은 다 이해되는 상황이지만 다만 그 당시 어린 나로서는 엄마의 상황과 감정을 살피기에는 너무 어렸고 이해할 수 없었다. 하지만 그 당시 느꼈던 감정의 고통을 다시 한번 만남으로써 진정으로 과거와 결별하고, 상처받은 과거의 어린 나를 다시 만나는 시간을 가져보는 것이다. 이 과정을 통해 나는 온전히 새로운 나를 만날 수 있고 과거의 엄마와도 과거의 나와도 화해를 할 수 있다고 생각했다. 과거의 어두운 그림자가 현재의 나를 무너뜨리기 전에 나를 새롭게 세우고자 이렇게 글로 과거의 나와 엄마를 마주하는 것이다. 나는 여전히 엄마를 너무 사랑한다.

더불어 이 모든 삶의 고통을 받아들이는 순간, 삶은 기적적으로 변화하게 되었고 이혼한 전 남편과도 화해하게 되었다. 헤어졌던 아들과도 재회하고 용서를 구하며 화해했다. 아들은 고맙게도 너무나 잘 자라 있었고 엄마를 용서하고 받아주었다. 한창 사춘기 때 다시 만난 아들이었지만 정말 놀라울 만큼 엄마를 배려해주는 아들로 자랐다. 엄마를 기꺼이 용서해줄 때는 감사와 감동의 눈물을 흘리지 않을 수 없었다.

나의 삶에서 가장 놀라웠던 순간은 몇 년 전, 전 남편과 현재의 남편이 만나서 서로 악수하고 소통했다는 것이다. 이 놀라운 일이 현실이 되기까지 나는 늘 이런 날이 오기를 믿고 이 장면을 상상하며 마음속으로 오랫동안 기도해 왔다. 그 모습이 눈앞에서 펼쳐지니 감동이 밀려와 눈시울이 뜨거워졌다. 모든 엉켜있던 실타래가 풀리고 퍼즐이 맞추어져 가는 삶의 희열을 맞본 나는 두 남자를 양어깨에 껴안고 "사랑하는 내 남자들~"이라고 하며 눈시울을 붉혔다. 이 모습을 본 아들이 빙그레 웃었다. 누가 봐도 믿을 수 없는 장면일 것이다. 그러나 나는 해냈다. 아들 또한 지금의 남편을 아버님이라 부르며 존경하고 사랑을 표현해 주는데, 고마움을 금할 길이 없다.

이처럼 소통은 중요하다. 정말 치열하게 소통하려고 노력했다. 모든 것을 오픈했고. 모든 것에 솔직했다. 진심으로 사죄하는 마음으로 엎드려 용서를 빌었다. 나는 인생을 살면서 '이혼'이라는 최고의 고통도 맛보았고 '화해'라는 최고로 달콤한 열매도 맛보았다. 앞으로 나는 관계에서 고통받는 사람들에게 희망을 전하는 일을 하며 살아가고 싶다.

조건 없이 존재 자체로
사랑할 수 있는 이름

아이를 키우는 모든 부모는 우리 아이가 어떤 아이로 자라길 바랄까? 당연히 행복하고 건강하고 이왕이면 공부도 잘하고 똑똑하게 자라길 바랄 것이다. 우리 아이가 빠르게 변하고 있는 현대 사회에 도태되지 않고 빠르게 적응하고 이 사회에서 수용되고 능력과 재능을 인정받으며 살아가길 바랄 것이다. 그런데 아이러니하게도 우리 부모들은 21세기를 살아갈 아이들을 20세기의 관점과 가치관의 틀에 집어넣어 남들보다 빠르게 우수하게 만들기 위하여 경쟁으로 내몰고 있다.

입으로는 아이를 사랑한다고 하면서도 아이의 시험 성적에 엄마가 더 전전긍긍하고 다른 집 아이가 뭔가를 배운다고 하거나 성적이 잘 나온다고 하면 불안을 느끼며 경쟁적으로 뒤처지지 않게 하는 데 바쁜 현실이다. 그사이 우리 아이들은 부모에게만 전적으로 의존하여 나약하고 정서적으로나 정신적으로는 취약한 기형적인 아이들로 자라나고 있다.

심장이 강할까? 주먹이 강할까?

여기 간단한 실험을 해보고자 한다.
먼저 한 손을 들어 주먹을 쥐었다, 폈다를 반복해보자.
1초에 약 2회씩 1분간만 해보자. 시작!
쥐었다 폈다, 쥐었다 폈다, 쥐었다 폈다.
10초, 20초, 30초, 그만~
아마 30초를 넘어갈 때쯤이면 손아귀가 마비되는 듯 뻑뻑하고 불편하고 팔까지 아파질 것이다. 도저히 1분까지 계속하기가 힘들 것이다. 만만하게 보았던 1분도 마치기 어렵다. 하지만 심장은 어떠한가? 지금, 이 순간에도 팔딱팔딱! 잘만 뛰고 있지 않은가?
그렇다. 심장이 주먹보다 훨씬 강하다.

주먹은 힘을 상징한다. 우리는 아이들을 키울 때 힘으로, 권위로, 억압하고 통제하기도 한다. 그러나 심장은 엄마의 따뜻한 가슴을 의미한다. 이렇듯 부드럽지만 강한 가슴으로 우리 아이들을 대하면 어떨까. 또한, 아이들이 원하는 양육은 어떤 쪽이어야 할까?

이제 곧 방학이다. 방학만 되면 아이들은 좋지만, 엄마들은 온 종일 애들 밥 해줘야 하고 어디든 데리고 가서 놀아줘야 하는 부담 감에 벌써 한숨이 절로 난다. 하지만 나는 좀 달랐다. 아이들과 함 께 하는 시간이 너무 행복했다. 같이 요리하고, 보드게임도 하고, 여행도 다녔다. 아이들에게 친구가 되어 주었고 아이들도 엄마에게 친구가 되어 주었다.

앞서 말했듯이 첫 아이와의 뼈아픈 이별을 경험했던 나는 내 인생의 다시없을 두 번째 양육의 기회를 허투루 날리기 싫었다. 내 가 줄 수 있는 최고의 모성으로 양육에 힘썼고 건강한 애착을 형 성하고 신뢰를 주기 위하여 노력했다. 그 어떤 것보다 나는 엄마였 기에 자녀를 훌륭하게 잘 길러야 하는 것에 일 순위로 가치를 두었 다. 그렇다고 전업주부처럼 아이들만 키우지도 못했다. 자영업으로 사업할 때는 육체적으로 너무 힘들었고 며칠씩 집에 못 들어가는 일도 허다했다. 늘 바쁜 엄마였지만 아이들과 가족의 행복을 제일 우선순위에 두었다. 덕분에 엄마도 아이도 소모적인 힘겨루기나 반 항 없이 모두 자유로운 행동과 사고를 하게 하였고 집안은 늘 웃음 꽃이 피어났다.

누군가 그랬다. 좀 더 키워보라고. 언제까지 아이들이 그렇게 보 들보들 엄마 말 들을 것 같냐고 말이다. 그런 양육방식은 이론에나 있는 거지 실제는 다르다며 비웃기까지 했다. 하지만 결국 그 사람 들이 틀렸다. 세 명의 아이들은 민주적인 양육방식과 존중의 태도로 길러져서 모두 부모로부터 자주적이고 독립적으로 분리되어 건강하게 잘 자라 주었다. 그리고 고맙게도 자신의 미래를 설계하며 차근차근 준비해나가고 있다. 미래의 성공을 위해서 준비한다고는 하지만 아이들은 이미 성공을 이루었다고 생각한다. 건강하고 착하게 잘 자라준 것이 성공이지 무엇을 더 바라겠는가? '따로 또 같이'라는 말이 있듯이 가족이 함께할 때는 최고의 팀워크를 보여주고 각자의 자리로 돌아가서는 자신의 역량을 마음껏 펼치며 힘차게 살아가고 있다.

어느 날 이사 온 집을 청소를 하다가 '사랑의 매'를 발견하고는 소름이 쫘~~악 돋았다. 그러고 보니 나는 아이들을 키울 때 한 번도 매를 들어 때리며 키우지 않았던 것을 알아차렸다. 감정이 섞인 매나 마구잡이식 휘갈기는 매질은 단 한 번도 하지 않았다는 사실에 소름이 돋은 것이다. 내가 어릴 때 많이 맞고 자란 편이어서 혼자 나지막이 읊조리듯 독백하며 한 말이 생각났기 때문이다.

'나는 절대로 내 아이는 때리며 키우지 않겠어.'

그렇게 무심코 한 말이었지만, 실제 내가 실천했고 그 결과 아이들이 그늘 없이 밝게 잘 자란 것이란 생각이 들었다. 놀랍고도 고마운 일이다. 물론 나라고 해서 어찌 등짝 한 번 시원하게 때려주고 싶은 마음이 들은 적이 왜 없었겠는가? 하지만 그렇게 하지 않으려고 무던히 노력했고 아이를 존중하고 사랑해주는 것이 나 스스로 내가 다시 양육하고 있음을 자각했다. 나를 사랑해주는 마음으로 이를 악물고 아이 몸에 절대 손을 대지 않았다. 어릴 때 매를 맞으면 정말 아팠고 억울했다는 생각밖에 없었다. 실제 잘못을 했더라도 자신이 잘못해서 맞았다고 생각하는 아이는 거의 없을 것이다. 그게 아이들의 생각이다.

아이들을 키울 때는 물론 힘들지만 양육하는 순간이 내 인생에서 가장 빛나는 때임을 자각해야 한다고 생각한다. 아이들을 조건 없이 존재 자체로 사랑하며 키워야 한다는 나의 실천적 경험을 나누며 엄마, 아이 모두가 행복한 양육을 위하여 계속 나아가고 싶다. 모두가 더 키워보라고 충고를 주었지만, 이론과 실제는 다르다고 말했지만, 나는 나의 의지와 신념에 따라 자녀들을 양육하는 데 소기의 성과를 이루어 냈다고 자부한다.

아이가 탯줄을 자르는 그 순간부터 아이와 나는 분리해야 한다. 존재 자체로 존중해야 한다. 이때 분리라는 말에 거부감이 드는 엄마들이 있다면 오해가 없기를 바란다. 갓 태어난 신생아라면 육체적으로나 정서적으로는 아직 분리되면 안 되지만, 아이의 발육이나, 연령, 시기에 따라 서서히 엄마와 아이가 각자 독립적인 존재로 건강하게 분리해 나가야 함을 말하는 것이다. 신체적, 정서적 분리가 안 되면 점점 서로를 구속하고 의존하면서 건강하지 못한 자녀와의 관계가 진행되기 때문이다.

반드시 의식적으로 분리해 나가야 한다. 자녀는 내 인생의 빛이다. 내가 곧 살아가는 이유이다. 그만큼 소중한 존재이다. 그렇기 때문에 오히려 철저히 분리하고 존중해야 한다. 아무 이유가 필요 없다. 존재 자체로 너무나 감사하고 존중받아 마땅하다. 내가 아니면 이 아이가 어디에서 왔겠는가?

가끔 아이를 함부로 대하고 말도 함부로 하는 엄마들을 만난다. 그리고 아이에게 함부로 손찌검하는 엄마들도 보게 된다. 이 엄마들은 한마디로 본인들이 아직 어린아이라고 인정하는 것과 같다. 아직 미성숙한 엄마들은 아이들의 짜증과 요구를 들어주기에 불편한 마음이 불쑥불쑥 올라온다. 그것들을 받아줄 마음의 여유가 없기 때문이다. 아직도 엄마 자신의 미해결 과제가 남아 있어서 아이들의 바람이나 욕구를 제대로 읽을 수가 없는 것이다. 이런 상태라면 아이가 아이를 키우는 상태이기 때문에 자녀에게 제대로 된 사랑과 양육을 제공해줄 수 없다. 언제나 엄마 자신의 건강과 마음 상태를 잘 살펴야 한다. 안경을 깨끗하게 닦으면 상대방이 맑게 그대로 보이는 것처럼 아이를 있는 그대로 순수하게 바라봐 주어야 한다.

대다수 아이는 어떠한 사악한 의도 없이 엄마 앞에서 멋지게 잘해보려다 실수하곤 한다. 실수하는 그 순간이 절호의 기회다. 앞으로 실수하지 않을 수 있도록 부드럽게 가르쳐주고 다시 한번 기회를 주고 격려해주는 것이 부모가 할 일임을 잊지 않으면 좋겠다.

가정은 실수 연습장이다. 안전하게 엄마 아빠가 지켜보는 가운데 실수하고 넘어지고 깨어지고 다쳐본다. 부모들의 흔한 오해가 있다. 이렇게 자꾸 실수하면 아이가 밖에 나가서 같은 실수를 할까 봐 실수를 허락하지 않고 무섭게 혼낸다. 다시는 실수하지 않게 하려고 엄하게 교육하는 것이다. 하지만 이것은 완벽히 잘못된 생각이다. 부모 앞에서 실수를 허용받지 못한 아이는 같은 상황이 오면 긴장하며 언제든 같은 실수를 반복한다. 부모가 가장 원하지 않는 그림이지만, 오히려 그 모습이 재현되는 것이다. 반대로 집에서 실수를 허용하고 격려하며, 실수하지 않으려면 어떻게 해야 하는지 부드럽게 훈육 받은 아이는 밖에서 실수하지 않는다. 참 아이러니하지 않은가?

자녀는 내 삶의 빛이다. 조건 없이 존재 자체로 사랑하라. 내가 나의 부모로부터 그토록 받고 싶었던 사랑을 실천해 보라! 자녀교육은 가르치는 것이 아니라 보여주는 것이다. 자녀를 진정으로 사랑하고 정말 멋진 아이로 자라길 바란다면 자녀를 가르치지 말고 올바른 삶으로 보여주는 멋진 부모가 되길 바란다.

CHAPTER

04

×

사랑하라
한 번도 상처받지 않은 것처럼

    남편을 만난 것은 내 인생에 커다란 선물이고 행운이라고 생각한다. 하느님이 모든 것 이겨내고 열심히 살아온 나에게 내 몸에 꼭 맞는 맞춤옷을 선물로 주신 기분이 들 정도였다. 나는 남편을 만나서 온전히 흰 도화지에 새로운 그림을 그리듯 인생을 다시 써 나갔다. 그것은 남편도 마찬가지라고 한다.

    동갑 친구로 만난 우리는 첫 만남에서부터 남달랐다. 우리는 72년 동갑들만 이야기를 나누는 천리안 채팅방에서 만났고 얼굴도 모른 채 3년 넘게 이름 정도만 아는 친구였다. 어느 날 피폐하게 살고 있던 나에게 남편이 먼저 말을 걸어왔고 우리는 이름을 알게 된 지 5년여 만에 처음 얼굴을 마주했다. 처음 만난 날 나는 몸이 아주 좋지 않았고 만나서 이동하던 중에 초면인 친구 앞에서 구토하고 말았다. 당황할 법도 한데 친구는 등을 두드리며 내가 부끄러워하지 않게 해주려고 배려하는데, 그 마음이 따뜻하게 잘 전해졌다. 얼마 후 친구들을 불러서 밥을 한 끼 대접했는데 그 이후로 다른 친구들과는 달리 이 친구는 매일 우리 집에 방문하며 나의 남자친구가 되었다. 그 친구가 지금의 남편이다.

남편은 초혼, 나는 비록 재혼이었지만 한 번도 상처받지 않은 것처럼 온전히 처음 사랑을 배운 사람들처럼 사랑하며 결혼 생활을 했다. 남편의 넓은 이해와 넉넉한 품에서 나는 다시 건강한 장현주로 태어났다. 덕분에 나는 몸과 마음의 건강을 되찾았고 남편의 신뢰와 지지 속에 전보다 더 강력하고 적극적으로 활발한 활동을 이어나갔다. 인생의 쓴맛 단맛을 골고루 보며 모든 역경을 함께 돌파해왔다. 사랑했기에 어떤 것도 두렵지 않았다. 부족한 우리가 만나 서로를 지지하고 믿어주며 온전히 각자 새로 태어났다고 해야 옳을 것이다.

부부란 서로를 만나서 함께 성장해 나가도록 지지해주는 관계가 되면 건강한 가정, 행복한 가정을 만들어나갈 수 있을 것이란 생각은 이젠 확실한 믿음이 되었다.

큰딸 고은이가 첫돌이 되지 않은 어느 날이었다. 그날 아이를 포대기에 업고 시장에 갔을 때였다. 유유자적 시장을 걷던 내 눈에 남편이 들어왔다. 전봇대에 아슬아슬하게 매달려서 유선방송 일을 하는 모습이었다. 나는 와락 눈물이 쏟아졌다. 아이를 업었다는 것도 잊고 남편을 부르며 뛰어갔다. 남편이 전봇대에 올라간 모습을 처음 보았는데, 이런 환경에서 일하는지 꿈에도 생각지 못했다. 무척 놀랐던 것 같다. 아내가 딸아이를 업고 뛰어오니 남편도 원숭이 묘기하듯 전봇대 손잡이를 잡고 성큼성큼 내려왔다.

허리엔 치렁치렁 연장들이 달려 있고 얼굴은 새까맣게 탄 모습이었다. 매일 집에서 보던 자상한 남편의 모습이 아닌 듯 낯설었다. 나는 남편을 보자마자 품에 안겨 엉엉 울었다.

"이렇게 고생하는지 몰랐어…."

아기도 뭘 아는지 모르는지 내 등에 업힌 채 함께 울었다. 너무 부드럽고 깨끗한 고운 손과 손톱을 가졌던 남편의 손에 굳은살이 박이고 상처도 여러 군데 나 있었고 얼굴은 새까맣게 타서 목과 얼굴의 경계가 뚜렷했다. 가슴이 너무 아팠다.

해양대학교 기관공학과를 나왔지만 당장 처가 근처에 살던 남편이 작은 시골 읍내에서 할 수 있는 일이라곤 그리 많지 않았다. 급한 대로 얻은 직장이 종합 유선방송 기사였다. 그때 급여가 130만 원이었다. 기가 막혔다. 남편 월급으로 월세 내고, 아기 분유, 기저귓값 내고 나면 가계부에 적을 것도 없이 마이너스였다. 굳이 가계부를 쓸 것도 없는 빤한 살림살이였다. 살림은 말할 수 없이 고단했고 돈이 더 나올 구멍은 없었지만, 남편은 남다른 실력으로 차례차례 단계를 밟아 올라갔다.

남편은 나에게 어떤 사람인가? 이혼하고 정말 힘든 시간을 보낼 때 나에게 와주었고 나의 모든 치부까지도 이해하고 사랑해준 사람이었다. 심지어 친구들이 불러서 술을 사주면서까지 아쉬운 결혼을 말렸었다. "총각인 네가 무엇이 아쉬워 이혼녀랑 결혼하느냐?"라는 것이다. 그런 나를 기꺼이 안아주고 사회적 편견과 나를 마뜩잖게 여기던 모두로부터 나를 지켜준 사람이었다. 나는 그때 결심했다. 평생 살면서 남편에게 받은 사랑을 갚아 주리라.

살면서 가끔은 꼴도 보기 싫을 만큼 미울 때도 있었지만, 어떤 경우에도 남편을 믿고 사랑했다. 남편도 나의 사랑을 알고 나를 더욱 사랑해주었고 세상에 의지할 수 있는 건 서로밖에 없는 듯 살아왔다. 그렇게 우리는 부부이면서 친구로 20년을 한결같이 살아왔다.

풍선아트 일을 할 때도 그렇고 사랑을 할 때도 그랬다. 계산하지 않고 마음이 시키는 대로 열정적으로 일과 사랑을 대했다. 실수로 손해 보는 결정을 했더라도 약속을 했다면 지켜내는 신의도 있었다. 당장 금전적 이익보다 고객과의 약속이 더욱 중요한 건 두말하면 잔소리다. 고객이 일을 맡겨 주면 나는 먼저 내가 맡은 무대를 상상한다. 화려한 풍선아트로 무대를 꾸미는 상상을 하며 관객과 고객님이 기뻐하는 모습을 상상한다. 머릿속으로 작품을 구상하고 스케치를 하고 여기에 필요한 풍선 양을 계산하고 혹시 모를 변수들을 계산하며 현장 상황에 대처하는 리허설을 한다. 머릿속 리허설은 많이 할수록 실수가 줄고 변수가 생기더라도 침착하게 대처할 수 있다.

작업은 밤을 새워서 작업장에서 만든다. 꼴딱 밤을 새우고 샤워만 간단히 하고 행사장을 행해 다시 출발한다. 하루에 공연장 13군데를 돌며 미친 듯이 세팅한 적도 있고 신호대기에 졸면서 뒤 차의 클랙슨 소리에 놀라서 출발하기도 했었다. 몸이 부서져라 일했지만, 마음만은 정말 행복했다. 화려한 무대에서 조명을 받아 반짝이며 영롱하게 빛나는 내 풍선 작품들을 보면서 행복에 젖은 날들이었다. 한동안 손목을 너무 많이 써서 치료받으며 고생도 많이 했다. 하지만 내가 사랑하는 일이었고 나를 성장시켜준 일이었기 때문에 모든 고통도 감내할 수 있었다.

나는 앞으로 나이를 먹더라도 내 마음만큼은 주름 한 줄 지지 않을 자신이 있다. 영원히 아이 같은 순수한 마음을 잃지 않고 살아갈 것이다. 인생은 고추처럼 참 맵다. 하지만 모진 삶을 헤쳐 나갈 때 맵기만 한 것이 아니라 매콤달콤한 맛도 있음을 경험으로 알고 있다. 내 얼굴의 보조개만 있는 것이 아니라 주근깨도 흉터도 모두 내 얼굴의 일부이고 이것을 담담히 인정하고 자신을 수용해 나가며 나의 모든 것을 사랑할 때 비로소 온전히 내가 보인다.

늘 낙천적이고 긍정적인 자세로 삶을 살아가는 나는 사람과 세상에 대한 따뜻한 애정과 호기심으로 세상을 맛보며 즐기며 살아갈 것이다. 누구의 눈치도 보지 않고 과거의 아픔을 바라보고 치유해냄으로써 지금을 즐기며 살아갈 수 있는 에너지로 승화시키는 열정의 아이콘으로 살아갈 것이다. 앞으로도 타인의 아픔을 공감하고 그들을 돕는 일을 하며 글을 쓰는 작가로 살아가고자 한다. 나의 작은 도움이라도 필요한 곳이라면 어디든지 달려가 타인을 돕고 자신의 삶도 아름답게 가꾸어 가는 나로 살 것이다.

고난을 이겨낸 내 삶을 사랑한다.
사랑하며 살아온 내 삶도 사랑한다.
열정적인 자세로 살아온 내 삶을 사랑한다.

I AM 제준

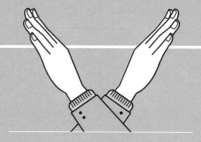

18세 소년이 묻습니다.
'당신의 꿈은
안녕하신가요?'

작가
제 준

평범하지만 결코 평범하지 않은 18세 청춘이다. 그는 자타공인 역사를 써 내려 가는 사람이다. '스토리가 모이면 히스토리가 된다'라는 좌우명을 가지고 매일 자신만의 스토리를 쓰고 있는 그는, 교육과 배움에 대한 기존의 사회 통념과는 대조적인 사고방식으로 '고등학생'이라는 이름 대신 '자퇴생'이라는 이름을 선택했다.

신언서판(身言書判), 중국 당나라 때 관리를 등용하는 시험에서 인물평가의 기준으로 삼았던 몸, 말, 글, 판단의 네 가지를 이르는 말로써 이것들을 가장 중요하게 생각하고 있다고 말한다. 작가를 넘어 강연가로 거듭나기 위해, 온전한 몸에 온전한 마음이 나오기에 바른 자세를 갖추기 위해 또 다른 도전을 하고 있다. 하여, 각종 스피치 수업과 동화구연지도사 수업을 들으며 '어떻게 하면 나의 말을 효과적으로 전달할까?' 고민하고 있다. 좋은 글을 쓰기 위해서는 많은 경험이 필요하다고 말하는 그는, 평소 나이 불문, 수많은 사람과 만나고 대화하며 생각과 관점을 꾸준히 디자인하고 있다. 공교육에서 적지 않은 시간을 학생으로서 보내며 '모두 비슷한 생각과 비슷한 판단을 한다'고 느낀 그는 무엇이든 남들과 다르게 생각하고, 다르게 보려고 노력한다. 그 노력의 일환으로 일상의 순간들을 사진으로 담으며 시선을 더욱 다르게, 더욱 아름답게 보고 있다.

만 18세의 어린 나이지만 '세상을 바꾸고 있는 사람', '정의할 수 있지만, 정의할 수 없는 사람'으로 불린다. '세상을 바꾸고 싶다'라는 여덟 글자를 신념으로 가진 그는, 환경을 사랑하는 CEO 등 수 많은 목표를 가지고 있다. 또한 따뜻한 그의 진심이 독자에게 전해져, 뜨거운 열정이 가득한 초심이 되기를 바라는 마음으로 올가을 출간될 개인저서 준비에 박차를 가하고 있다.

❊ E-MAIL xmfrhd5@naver.com
❊ INSTAGRAM @your__6

교실 밖 세상에서만
볼 수 잇는 것들

2018년 2월, 우리 학교 친구 8명과 함께 교류 프로그램을 통해 덴마크에 여행을 왔다. 비행시간과 환승 시간을 합치면 약 20시간이 넘는 긴 여정이었다. 출발할 때는 아침이었는데 도착할 때는 하루가 지나 저녁이 되어있는 마법 같은 순간이었다.

우리는 시청에 가기 위해 버스를 기다리고 있었다. 숙소 앞에 주차하기가 어렵다며 코펜하겐역 앞으로 가야 했다. 역으로 걸어가던 중 우리에게 노숙자 한 분이 뭐라고 말을 거셨다. 덴마크어를 할 줄 몰라 죄송하다고 말씀드리고 지나갔다. 그래도 마음이 걸려서 뒤를 돌아봤는데 세상을 다 잃은 듯한 슬픈 표정으로 사람들한테 무언가를 부탁하고 계셨다. 그래서 덴마크 선생님께 여쭤봤다.

"저분이 뭐라고 하시는 거예요?"

"그냥 말을 걸고 있는 거야."

"그럼 구걸하는 거예요?"

"응, 마음을 구걸하는 거란다. 여기 있는 노숙자는 평범한 노숙자와는 달라. 대부분 노숙자는 집이 없고, 가난해서 거리로 나오지만, 이곳의 노숙자는 사실 전부 다 부자야. 집은 궁전만 하고, 차도 있고, 돈도 많단다. 예를 들자면, 삶이 너무 외롭고 고단하거나, 사랑하는 사람을 잃었다든지, 각자의 마음의 상처를 가지고 마음의 위로를 받기 위해 거리로 나오는 것이란다."

이 말을 듣고 나서 나는 큰 망치로 머리를 한 대 맞은 기분이었다. 마음을 구걸한다는 것 그 자체가 충격이었기 때문이다. 행복의 나라라 불리는 덴마크에서도 마음의 상처를 치유하기 위해 따뜻한 마음을 구걸한다는 게 이상했고, 가슴이 아팠다. 그뿐만 아니라 바쁨의 나라라 불리는 우리나라에서는 따뜻한 마음을 구걸할 여유조차 없다는 것에 더더욱 가슴이 아팠다. 그렇다면, 덴마크는 행복한 나라가 아닐까? 그것도 아니다. 단지, 행복의 나라에도 아픔은 존재한다는 것이다.

이곳에 온 지 열흘이 지났다. 처음에는 낯선 음식과 영어 때문에 당장 집에 달려가고 싶었지만, 여행의 끝이 보이는 지금은 여기에 계속 머무르고 싶다. 이곳에 오기 전에는 덴마크라는 나라에 대해서 잘 몰랐다. 단지, 행복의 나라 덴마크! 그것뿐이었다. 주변 사람들을 비롯해 티브이에서도 덴마크는 행복 그 자체처럼 묘사되고 있었다. 그걸 가만히 보고 있다가 문득 이런 생각이 들었다.

'맨날 행복, 행복 이러는데 대체 행복이 뭘까?'

난생처음 행복에 관한 고민이 시작되었다. 행복의 사전적 의미부터 시작해서 내가 생각하는 행복과 다른 사람들이 생각하는 행복까지, 행복에 관한 생각은 이렇게 점점 깊어만 갔다.

나는 덴마크에서 수많은 사람을 만났다. 내 또래 친구들, 그 친구들의 가족 그리고 선생님까지. 나는 항상 제일 먼저 물어봤다.

"hej, I have a question. What do you think about happiness?"

덴마크어로 hej라는 인사와 부족한 영어 실력으로 "당신이 생각하는 행복은 무엇인가요?"라고 조심스럽게 물었다.

"노래 듣는 거야."

"밥 먹는 거야."

"너랑 대화하는 지금이야."

"아름다운 환경이야."

"나를 받쳐주는 안정적인 제도야."

내가 전혀 상상하지 못한 대답을 들었다. 예상과 다르게 너무나도 작고 소박했다. 그래서 처음에는 장난치는 줄 알고 그게 뭐냐며 거짓말 아니냐고 되받아치기도 했다. 하지만 그들의 눈빛은 달랐다.

작고 소박한 대답은 진심이었고, 진실이었다.

나는 행복에 관해 거창한 대답을 기대하고 있었다. 나도 모르게 행복은 꼭 거창해야만 한다고 생각했던 것 같다. 그래서 행복에 관해 한참 고민했지만 헤맬 수밖에 없었던 거다. 우리나라에서 길 가는 사람을 붙잡고 "행복하세요?"라고 물었을 때 바로 대답할 수 있는 사람은 거의 없을 것 같다. 반대로 덴마크 사람들에게 "행복하세요?"라고 물으면 대다수 사람은 행복하다고 한다. 이건 있을 수도 없고, 상상할 수도 없는 일이다. 심지어 길을 가다가 어깨를 부딪쳐도 "괜찮아요. 좋은 하루 보내요"라고 한다.

그들은 왜 행복할까?, 그들은 왜 당연하다는 듯이 행복하다고 말할까? 답은 하나다. 앞서 말한 것처럼 그들은 작고, 사소한 것부터 시작해 모든 것에 행복해한다. 이것이 가능한 이유는 이들의 행복이 감사하는 마음에서 비롯되기 때문이다. 노래를 듣는 것, 밥을 먹는 것, 지금 이 순간, 내가 사는 곳, 내 나라가 그들로 하여금 감사하게 하고, 그것을 즐긴다. 좋고, 나쁨을 떠나서 말이다.

그들이 내게 준 행복의 답은 멀리 있는 것이 아닌 바로 나 자신이었다. 우리나라 사람들은 정말 바쁜 일상을 보내고 있다. 어쩌면 바쁜 일상을 보내면서 자연스럽게 행복과 멀어졌을지도 모른다. 일상이 바빠질수록, 더 가까운 곳에서 행복을 찾아야 한다고 생각한다. 나를 비롯해 우리나라 사람들은 일상에 지쳐 행복에 관해 깊게 고민해보지 못한다. 분명한 건 덴마크와 우리나라는 상황이 다르다는 것이다. 덴마크처럼 여유와 안정이 없는 우리는 바쁘고 지친 일상 속에 주변 것들에 감사하는 법을 배워야 할 것 같다. 이제 진짜 행복은 가진 것에 만족하고 소소한 것에 감사할 줄 아는 것이라고 생각한다. 내 일상 모든 것에 감사하는 태도를 가진다면, 세상이 조금이라도 더 아름답게 보일 것이다.

덴마크에 가기 전 누군가가 내게 행복하냐고 물었을 때, 나는 답할 수 없었다. 내가 행복한가를 생각해본 적도 없었고, 심지어 행복이 뭔지도 몰랐기 때문이다. 나는 덴마크에서 많은 사람을 만나서 대화를 나눴고, 행복이 무엇인지에 대해 한 발자국 다가갈 수 있었다. 행복의 나라 덴마크 사람들이 말하는 행복은 자신과 자신 주변에 있는 사소한 것들이었다.

나는 이제 안다. 행복은 자연스럽게 다가오는 것이 아니라 찾는다는 것을. 우리나라는 OECD 국가 중 자살률은 높은 편이고, 행복지수는 가장 낮은 국가라고 한다. 이 말대로라면 우리에게는 행복도, 미래도 없다. 내가 덴마크에서 보고, 느낀 것이 코끼리의 발바닥만큼이나 작은 세상일 수도 있다. 하지만 작은 것에서 그리고 일상에서 그 자체를 행복으로 생각하고 받아들이고 느끼는 것. 그

사소한 것이 우리의 모든 것을 바꾼다고 생각한다. 나의 이 작은 이야기로 인해 많은 사람의 행복이 새롭게 시작되면 좋겠다.

하마터면
남들처럼 살 뻔했다

"준아, 너는 꿈이 뭐야?"

"음, 저는 과학자가 되고 싶어요!"

어른들이 꿈에 관해 물으면 나는 항상 과학자가 되고 싶다고 말했다. 딱히 이유는 없었다. 단순히 내가 아는 것 중에 가장 멋있는 이름이었기 때문이다. 어느 날, 한 가지 질문이 생겼다.

'꿈이란 대체 뭘까?'

궁금한 건 절대 못 참는 나였기에 바로 사전을 검색했다. 꿈은 사전적 의미로 실현 가능한 이상을 말한다. 또다시 생긴 질문. 나의 실현 가능한 이상이 과학자밖에 되지 않는 것인가?

17살 나는 서울시교육청에서 운영하는 이상한 학교에 다녔다. 다른 친구들이 특성화고등학교, 특목고등학교로 갈 때 나는 다른 학교로 입학한 것이다. 이름은 오디세이 학교라고 한다. 오디세이 학교는 고교 자유 학년제로, 1년 동안 입시경쟁으로 들끓는 공교육에서 벗어나 주체적인 사람으로서 삶의 목표와 방향을 찾아보는 학교다. 설립된 지 4년밖에 안 된 어린 친구지만, 알고 보면 엄청난 면이 있다.

오디세이 학교에서는 나를 알고, 세상을 알고, 나와 세상을 연결하는 활동을 했다. 독특한 수업이 꽤 많았다. 서로의 생각과 피드백을 나누며 서로 커가는 그룹미팅 수업, 관심 분야가 같은 사람들끼리 모여 직접 기획하고, 실행하고, 평가하는 프로젝트, 말과 글, 산책, 심리학 등 여러 가지 분야의 선택 수업들이 있었다. 그리고 여러 목적을 갖고 국내외로 다닌 여행까지 꽉 찬 1년을 보냈다. 이런 것들을 하고 나니 다양한 관점으로 나와 세상을 보고 연결할수 있었다. 그뿐만 아니라 남들 앞에서 말하는 능력, 소통하는 능력과 더불어 비판적인 사고도 가질 수 있었다. 시간이 지난 지금도 말로 설명할 수 없는 나의 내면적 변화도 많았음을 느끼고 있다.

그리고 1년이 지나 나는 원래 배정받았던 일반 고등학교로 돌아오게 되었다. 덴마크와 일본 그리고 전국을 다니며 다양한 교육을 받았고, 학생이 주체가 되는 교육도 직접 맛본 나로서는 딱딱한 공교육 과정을 겪고 싶지 않은 마음이 컸다. 현실적으로 그럴 수밖에 없는 상황이었다. 그래서 3월이 되기 전, 바로 자퇴하려고 했지만, 경험해보지도 않고, 판단하는 것보다는 직접 보고, 느낀 후에 결정하면 후회가 없을 것 같다고 생각하여 우선 긍정적인 마음으로 학교에 다녀보기로 했다.

고민과 달리 학교는 정말 좋았다. 학교에 다니면서 정말 좋은 선생님과 좋은 친구들을 만날 수 있었다. 친구들끼리의 뜨거운 우정도 많이 느낄 수도 있었다. 게다가 수업 방식도 학생을 위한 방식으로 바뀌고 있었다.

그러나 시간이 지나고 학교생활이 적응되어가자 겉으로는 보이지 않던 것들이 하나둘 보이기 시작했다. 학교는 배우는 곳이고, 학생은 배우는 사람이다. 하지만 내가 느낀 학교는 가르치는 곳이었고, 학생은 듣기 위한 사람이었다. 일방적으로 가르치는 사람과 일방적인 가르침을 수용하는 사람만이 존재했다.

'이게 뭘까?'라는 의문을 가질 때 즈음 나는 한 가지 더 이상한 것을 느낄 수 있었다. 우리만의 개성이 사라지고 있다는 것을 느꼈다. 모두가 안다. 우리가 다 다르다는 것을. 그런데 학교에서 다름은 존재하지 않았고, 틀림만이 존재했다. 우리의 색깔이 아무도 모르게 서서히 옅어지고 있다고 느꼈다. 검은색, 파란색, 노란색, 흰색은 모두 다 다른 색깔이다. 하지만 그 색깔들을 다 섞고 보면 검은색이 된다. 학교도 마찬가지다. 우리는 입학과 동시에 학교라는 팔레트 위에 우리 각자만의 색깔이 칠해진다. 그리고 교육이라는 명목으로 우리는 '정답'과 '같음'을 강요받는다. 결국, 섞이고 섞여서 한치 앞도 안 보이는 검은색이 된다. 이 색깔도 저 색깔도 아닌 그저 주어지는 색깔에 지나지 않은. 다 똑같이 보이는 검은색 말이다.

나는 주입식 교육에는 한 가지 장점과 한 가지 단점이 있다고 생각한다. 한 가지 장점은 효율성이다. 세상에 어디에서도 이렇게 많은 과목을 짧은 시간 안에 빠르게 습득할 수 없다. 이것은 학교가 가진 장점이다. 그렇다면 단점은 무엇일까? 주입식 교육으로 우리는 직접 생각할 기회를 박탈당하고, '생각 당한다.' 나는 학교에서 학생들이 질문하는 능력을 키우고, 그런 것들을 수용할 수 있는 문화가 만들어지기를 바란다. 타인 주도가 아닌 자기 주도로 생각하는 연습을 바탕으로 하여 학생이 직접 수업을 만들어갈 수 있다면 좋겠다.

나에게 학교가 어떤 곳인지 한마디로 설명하라고 하면, 이만한 문장이 없다고 생각한다. 정현지의 책 《학교에 배움이 있습니까?》에 나오는 말이다.

"18세기 교육 행정 아래 19세기 교실에서 20세기 선생님들에게 21세기 학생들이 배우는 곳이다."

실제로 지금 교육은 18세기 프로이센에서 나왔다. 프로이센은 나폴레옹 군대와의 전쟁에서 대패했다. 대패한 후 프로이센은 나라를 다시 일으키기 위해 사람들을 효과적으로 관리해야만 했다. 그래서 명령에 복종하는 군, 고분고분한 노동자, 정부 지침에 순종하는 공무원, 기업이 요구하는 대로 일하는 사무원, 중요한 문제에 비슷하게 생각하는 시민들을 만들기 위해 '의무교육'을 시작했다.

의무교육의 내용은 깊고, 폭넓은 사고를 할 수 없게 하기 위해 과목과 단원으로 나누어 추상적이고 단편적으로 만들었다. 이 방법의 가장 큰 장점은 사람들을 효과적으로 획일화시키고, 복종시킬 수 있다는 점이다. 더 무서운 것은 '의무교육'은 영국과 미국을 거쳐 우리나라에 왔고, 이것이 우리나라 교육의 뿌리가 되었다는 것이다. 그렇다. 애초에 우리나라의 교육은 학생들을 획일화시키고, 복종시키기 위해 설계된 것이다. 그래서 우리는 자신도 모르게 깊고, 넓은 생각을 할 수 없고, 사회에 순종적으로 만들어진 것이다. 나는 그 틀의 정체를 알게 된 이상 그 틀 속에 나를 두고 싶지 않다는 생각을 했다. 그리고 바꾸고 싶다. 교육도, 세상도. 그리고 학교에 배움이 없으니, 내가 스스로 배움을 만들어가야겠다고 생각했다.

아직도 한국 사회에서의 '학교'라는 스펙의 영향력은 크다. 어떻게 보면 내 인생을 바꿀 수 있는 문제이기에 나는 쉽게 결정을 내릴 수 없었다. 그즈음 내가 다녔던 고등학교의 문학 시간, 문학 선생님과 주고받은 대화 내용이다.

"얘들아, 혹시 세상에서 제일 대단한 사람이 누군지 아니?"

"모르겠어요!"

"세상에서 가장 대단한 사람은 살아남는 자야. 치열한 경쟁 속에서 적응하고 버텨내 살아남은 사람이지. 그리고 그보다 더 위대한 사람이 있어. 바로 치열하게 경쟁하며 버텨내야 하는 곳. 그런 곳을 바꾸는 사람이지. 그런 곳을 바꾸고 만들어가는 사람이 진정으로 대단하고, 위대한 사람이야."

문학 선생님의 이 말씀은 내게 좋은 기회가 됐다. 그 이야기가 나를 깨뜨리고 부쉈다. 그리고 생각했다.

'나는 무엇을 해야 할까?'

나는 이 말씀을 계기로 학교를 넘어 세상을 바꾸고 싶은 꿈을 갖게 됐다. 영화에 나올 법한 문학 선생님의 멋진 가르침은 "세상을 바꾸고 싶다"는 꿈을 꾸게 했다.

원래 나였다면, 학교에 순응하면서 세상을 바꾸기를 포기했을지도 모른다. 그런데 달랐다. 매우 달랐다. 오디세이 학교에 다니며 나에게는 자신에 대한 믿음이 있었다. 더 큰 세상과 교육을 맛봄으로써 내가 생각한 것이 옳다고 확신할 수 있었다. 그래서 나는 "이 험난한 세상 내가 바꿔야지"라는 생각을 가지고 과감히 자퇴했다. "배우기 싫어서가 아니라 제대로 배우고 싶어서."

"숲속에 두 갈래의 길이 나 있었다. 나는 사람들이 적게 간 길을 택했고. 그것이 내 모든 것을 바꾸어 놓았다"

- 로버트 프로스트

내가 세상을
바꿀 수 있다는 믿음

"마음껏 놀아라!"

자퇴한 후 소중한 친구인 아빠와의 대화에서 나온 말이다. 나
는 부모님의 말씀을 잘 듣는 평범한 학생이었지만, 이때만큼은 아
빠 말을 정말 잘 들었다. 자퇴하고 나서 내가 세운 목표가 무색할
정도로 미친 듯 놀았다. 세상 최고의 행복이었다. 남들이 학교에 갈
때 낮잠을 자고, 영화를 보고, 게임을 할 때의 그 짜릿함. 아직도
그때를 생각하면 짜릿함이 느껴진다. 사고 싶은 것들은 다 사고, 하
고 싶은 것들을 다했다. 조물주 위에 건물주라는 말처럼 건물주가
된 것처럼 내 세상을 마음껏 즐겼다. 나는 평생 놀고, 먹고, 자면
최고로 행복하리라 생각했다. 그러나 그렇게 두 달 정도 지내니 모
든 것이 무의미해졌다. 자연스레 우울해지고, 나는 서서히 처져갔

다. 그래서 한동안 놓고 있던 책을 다시 집어 들었다. 작가로서 책을 집필하고, 독서 모임에 들어가서 10주에 100권 읽기 세상의 아름다움을 담아내기 시작했다.

"배는 항구에 정박해 있을 때 가장 안전하지만, 그것이 배의 존재 이유는 아니다."

- 괴테

지칠 만큼 충분히 놀았으니, 이제는 세상을 향해 다시 나아가기로 했다. 이제부터는 지금까지 내가 해왔고, 하고 있는 것들을 소개해보려고 한다.

첫 번째는 책을 집필하는 것이었다. 책은 많이 배우고 연륜이 풍부하거나, 유명한 사람만 쓸 수 있는 것일까? 그러면 불공평할 것 같았다. 나의 이야기를 하고 싶었고, 소통하고 싶어서 이렇게 책을 썼다. 나의 꿈은 어제보다 나은 오늘, 내일이 기대되는 오늘을 만드는 것이며, 궁극적으로 세상을 바꾸는 사람이 되는 것이다. 이 꿈은 어떻게 보면 거창할 수도 있지만 만들어갈 수 있기도 하다.

명언이란 이름 명에 말씀 언 자를 써서 '유명한 사람이 하는 말'을 뜻한다. 그래서 유명한 사람들의 말 한마디는 세상을 변화시킨다. 왜냐하면 그 사람들은 존재 자체가 메시지이기 때문이다. 나도 그렇게 되고 싶다. 하지만 나는 아직 유명하지 않다. 나도 유명한 사람처럼 메시지 그 자체가 되고 싶지만 그럴 수 없으니 나는 책을 쓰는 작가로서 계속 메시지를 던지려고 한다. 그러니 작가라는 직업은 내 생각과 메시지를 전달하는 수단일 뿐이다. 이 글 읽고 있다면 평범한 고등학생이 꿈을 향해 첫걸음을 내딛는 역사적인 순간을 보는 것과 같다.

그러고 나서 독서 모임에 참여했다. 나는 두 개의 독서 모임에 다니고 있다. 독서 모임 '대성'에서는 10주에 100권 읽기 프로젝트를 했는데 성공했다. 해보고 나니 별거 아니었는데 돌이켜보니 미친 짓이었다. 10주에 100권 읽기 프로젝트를 하면서 그 많은 내용을 모두 이해했다고는 말할 수 없다. 하지만 이것 하나는 자신 있게 말할 수 있다. "나에게 있어서 가장 소중한 독서습관을 갖게 해줬다"는 것이다. 이 프로젝트 덕분에 나는 독서습관을 갖게 되었고, 2018년도에는 200권이 넘는 책을 읽었다.

다른 하나는 독서 모임 '독서중독자들'에 참여했다. 여기에서 수많은 사람을 만날 수 있었다. 나를 포함해 20대, 30대, 40대, 50대, 60대까지 다양한 연령대의 사람을 만나 이야기할 수 있었다. 그러면서 콘서트장에서 어린아이가 더 먼 곳을 보게 하도록 아빠가 목말을 태워주는 것처럼 나는 더 큰 세상과 생각을 맛보는 소중한 경험을 했다.

"오늘의 나를 있게 한 것은 우리 마을 도서관이었다. 하버드 졸업장보다 소중한 것은 독서습관이었다."

- 빌 게이츠

세 번째는 의사소통 능력을 키우는 것이다. 내 친구들과 학부모님들 앞에서 스피치도 해보고, 학교 교류 행사로 다른 나라에 가서 학교와 교육에 대해서 스피치도 해보았다. 그리고 한 페스티벌의 진행을 맡아 1,000명이 넘는 사람들 앞에서 사회를 보기도 했다.

여러 공동체와 독서 모임 등을 통해 수많은 사람을 만나면서 앞으로 살아가면서 내게 가장 필요한 능력은 의사소통 능력이라는 것을 느낄 수 있었다. 이스라엘 교육 방식인 '하브루타'도 내 생각을 타인에게 말하며 논쟁하는 것을 가장 큰 목표로 두고 있다. 아무리 많이 알아도, 말할 수 없다면 아는 것이 아니다. 세상에는 풍요로운 지식과 멋진 생각을 하는 사람은 많다. 하지만 좋은 스피커를 가진 사람이 별로 없다. 아무리 생각이 깊고, 지식이 많아도 말하는 능력이 부족하면 전달하는 데 어려움을 겪는다. 그래서 나는 동화구연 수업과 스피치 수업을 들으며 남들에게 내 생각을 더욱 생생히, 그리고 확실히 전달하는 공부를 하고 있다.

네 번째로는 돈 공부를 했다. 우리는 자본주의 사회를 살고 있다. 내 주변 친구들한테 "왜 좋은 성적을 받아서 좋은 대학에 가고 좋은 직장에 가고 싶어?"라고 물어보면 대부분 "먹고 살려고", 혹은 "돈 때문에"라고 말한다. 그런데 가장 재밌는 사실이 있다. 많은 사람이 돈을 많이 벌고 싶고, 돈을 잘 쓰고 싶어 하지만 돈에 관한 공부를 하지 않는다는 것이다. 심지어 학교에서도 생활기록부에 좋은 점수가 들어가는 법만 가르쳐준다. 너무나 모순적인 현실이다.

환경에 따라 다르겠지만 일반적인 고등학생이라면 평균적으로 한 달에 10만 원 정도 용돈을 받는다. 하지만 나는 그것의 10배가 넘는 돈을 받는다. 내 한 달 용돈은 150만 원이고, 일 년에 1,800만 원을 받는다. 어떻게 보면 사회 초년생의 월급, 연봉 정도다. 나는 흔히 말하는 금수저도 아니고, 등골브레이커도 아니다. 사실 마음대로 생각해도 상관없다. 어차피 이 돈을 학비, 학원비, 과외비, 교통비, 식비, 용돈으로 계산한다면 이 돈이 큰돈이 아니란 것을 알 수 있기 때문이다. 이것저것 다 따져보면 용돈만 적게 주고 있을 뿐 나와 비슷하게 용돈을 주고 있는 셈이다. 내 경우 50만 원은 용돈으로 사용하고, 100만 원은 통장에 저금하고 있다. 지금 공부하는 돈 사용방법을 숙지한 후에 어떤 식으로든 투자하기 위해서다. 니체는 말했다. 사자형 인간과 낙타형 인간에 대해서, 낙타형 인간은 누군가에게 끌려가는 인간을 말하고, 사자형 인간은 주체적인 인간을 말한다. 돈을 관리하고, 쓰는 법을 배우는 건 사자형 인간이 되기 위한 첫걸음이다.

마지막으로 사진을 찍었다. 내가 좋아하는 선생님 중 '브리다'라는 분이 계신다. 정말 멋있는 분이시다. 이분이 이런 말씀을 하셨다. "사진은 시간을 박제하는 것이야!" 이 말이 내게 크게 다가왔다. 내가 사진 찍는 이유에 대해 되돌아보게 했고, 지금까지도 사진을 찍는 이유이기도 하다. 사진을 찍는다는 건 수많은 매력이 있다. 그중 하나는 세상을 보는 눈이 달라진다는 것이다. 누구나 각자의 기준으로 예쁜 사진을 찍고 싶어 한다. 하지만 아무나 예쁜 사진을 찍을 수 없다. 배워야 하고, 익혀야 하고, 많이 찍어야만 한다. 그렇기 때문에 그 과정에서는 핸드폰이나 카메라를 매일 같이 들고 다니며 예쁜 사진만 쫓아다닌다. 그러다 보면 나도 모르게 카메라를 들고 있으나, 들고 있지 않으나 생각의 초점이 세상을 아름답게 보려는 데 맞추어지게 된다. 평소에 그냥 지나치던 것도 새롭게 보이고, 일상의 모든 순간이 하나의 작품처럼 보이기도 한다. 이 글을 읽고 있는 당신도 하나의 걸작이다. 나는 사진을 찍는다는 건 세상을 누구보다도 아름답게 사는 방법이라고 생각한다. 사진을 찍는 것은 나의 취미로 지금은 사진을 찍어 Instagram에 올리고 있다. 팔로워 1만 명의 계정을 운영하고, 팔로워 5만 명이라는 목표를 가지고 있다. 얼마 남지 않았다.

이렇게 나는 자퇴하고 많은 것을 배웠고 또 배우고 있다. 그 덕분에 많은 것을 얻으며 의미 있는 하루하루를 만들어가고 있다. 하지만 무언가를 결정한다는 것은 포기할 것을 결정한다는 것이다. 매일 나를 위한 선택으로 좋은 경험과 세상에 좋은 영향을 끼칠 사람으로 변하고 있지만 나는 아쉽게도 학창시절의 추억은 많이 가질 수 없게 되었다. 고등학교 축제와 수학여행도 못 갔다. 남들이라면 나중에 한 번쯤 회상할 만한 고등학교의 추억은 나에게는 없다. 하나를 얻으면, 하나를 잃는 것이기에 나는 또 나만의 추억을 내 친구들과 만들어 가면 되지만 슬프고 아쉬운 건 마찬가지다. 지금도 이렇게 학교에서 배울 수 없는 다양한 것들을 하고 있지만, 앞으로도 더 많은 것들을 더 깊게 배우고 익힐 것이다. 우리는 옛날부터 "속도보다 방향이 중요하다"라는 말을 들어왔다. 나는 그것을 실천하고 증명해 보려 한다.

"내 방향이 속도보다 빨랐음을"

당신의 꿈은
안녕하신가요?

2018년 5월 29일, 학생으로서의 마지막 날, 마지막 시간이었다. 5교시는 진로 수업이었다. 우리 반 진로 수업은 조금 특이했다. 한 사람씩 돌아가면서 자기 진로에 대해 발표하는 시간으로 사용했다. 신기하게도 그날이 딱 내 차례다. 그래서 나는 시간을 조금 더 빌려서 30분 정도 친구들 앞에 나에 관해, 내 삶의 목표에 관해 말하는 졸업식이자 자퇴식을 거행했다.

안녕하세요! 오늘은 제 진로에 대해서 말씀드리려고 합니다. 먼저, 제 진로에 대해서 말씀드리기 전에 '진로'라는 단어, '꿈'이라는 단어에 관해 설명하고 싶습니다. 꿈은 영어로 Dream, 사전적 의미로는 '실현 가능한 희망이나 이상'을 말합니다. 옛날부터 어른들은 항상 물었습니다. "너는 꿈이 뭐야?" 저는 말했습니다. "기자요."

"과학자요." "잘 모르겠어요."

나이 18살, 이제 그 질문이 지겨울 때죠. 그러다 저는 한 가지 의문점이 생겼습니다. '어른들은 나한테 꿈, dream이 뭐냐고 물었는데 나는 왜 직업, Job만 말하고 있을까?'라는 의문점이 생겼습니다. 그때 이런 생각이 들었습니다. '과연 나의 실현 가능한 희망이나 이상이 직업이라는 틀에 갇혀있는 수준밖에 지나지 않을까?' 그래서 저는 저의 꿈과 직업을, Dream과 job을 따로 생각하기로 했습니다. 왜냐하면 직업이 꿈을 따라가야지, 꿈이 직업을 따라가면 안 되기 때문이죠.

그럼! 저의 꿈은 무엇일까요? 직업을 넘어선 진짜 꿈은 바로 세상을 바꾸는 사람이 되는 것입니다.

잘 알고 있는 것처럼 저는 작년에 오디세이 학교에 다녔습니다. 여러분들이 시험공부를 하고 대학입시를 준비할 때 나는 거기서 삶의 의미와 방향에 대해서 공부했어요. 저는 그 학교에 다니면서 저 자신과 사회에 대해서 공부했고, 많은 것을 배울 수 있었습니다. 그리고 직접 맨몸으로 사회에 나가보기도 했습니다. 맨땅에 헤딩하듯 세상이라는 곳에 저를 던져보니 상당히 아팠습니다. 그때 느꼈죠. 세상에는 무수히 많은 갈등과 문제가 가득하다는 것을요.

이걸 느끼고 나서 처음에는 되게 우울하고, '한국을 떠야지!!'라고 생각하며 무기력해지곤 했습니다. 하지만 저는 여러 계기로 인해 수많은 사람이 모인 사회 안에서 이런 갈등과 문제는 당연하다고 생각을 하게 되었습니다. 이제 저는 이 세상을 좀 더 좋게 바꿔야 겠다고 마음먹었죠. (어우 오글거려라.) 아무튼 저는 어제보다 더 나은 오늘, 오늘보다 내일이 더 기대되는 세상을 만들어야겠다는 꿈을 가지게 되었습니다.

어떻게 보면 이 꿈은 굉장히 추상적입니다. 그래서 꿈에 맞춰 직업을 한 번 정해보기로 했습니다. 어떻게 될지는 모르지만 10년 후 저의 모습을 그려보았습니다. 그려보니 사람들에게 메시지를 주고, 세상을 바꾸고 있는 사람이더라고요. 저는 세상을 바꾸는 방법은 크게 두 가지가 있다고 생각합니다. 말과 행동에 영향력이 생길 정도로 유명해져 직접 세상을 바꾸거나, 말과 행동에 영향력이 생길 정도로 유명해지기까지 열심히 메시지를 던져 세상을 바꾸는 것. 이 두 가지 말입니다.

작가는 자기 생각, 사상 등 그 모든 것을 책 속에 담는 사람입니다. 그리고 책은 그것들을 다른 사람들에게 옮겨주죠. 그럼, 사람들은 책을 통해 지식을 얻기도 하고, 공감과 위로를 받으며 희망을 얻기도 합니다. 이것이 바로 세상을 바꾸는 아주 좋은 방법의 하나라고 생각합니다. 마음을 다독여주고, 새로운 정보와 지식을 전달하는 것이 가장 중요하다고 생각합니다.

그렇다면, 학교에 다니면서도 책을 쓸 수 있는데! 왜 자퇴를 할까요? 그럼 또 재미없게 오디세이 이야기가 나와야 합니다! 저는 작년에 오디세이를 통해서 덴마크에 다녀왔고, 일본을 다녀왔고, 전국 곳곳의 대안 학교에 다녀왔습니다. 그곳에서는 선생님과 학생의 관계는 수평이었으며, 학생들의 다양성은 존중되고 있었습니다. 그리고 수업 시간은 질문하고, 생각을 말하느라 매우 시끄러웠습니다. 혹시 수업 시간에 모든 학생이 질문하고 싶어서 손을 들고 있는 걸 본 적이 있나요? 저는 본 적이 있어요. 대박이에요. 저는 이렇게 살아 움직이는 교육을 직접 보고, 배우면서 배우는 즐거움을 느낄 수 있었어요.

그런데 우리 학교로 돌아오니까 전혀 반대더라고요! 저는 생각했죠. '내가 작년에 느낀 교육은 대안 교육이 아니라 혁신 교육이었나. 우리 학교에는 배움이 없구나. 그러니 내가 스스로 배움을 만들어가야겠다'라고 생각했어요. (박수) 그래서 저는 지금 자퇴식을 하고 있고, 내일부터는 등굣길이 아니라 저만의 길을 걷게 될 것 같아요. 나중에 다시 만났을 때 서로 부끄럽지 않도록 우리 모두 멋지게 살면 좋겠어요.

이른바 나의 '자퇴식'은 화려하게 막을 내렸다.

자퇴식이 끝나고 집에 버스를 타고 오면서도 많은 응원을 받으며 여러 이야기를 주고받았다.

"어떻게 그런 용기 있는 선택을 할 수 있었어? 나였으면 그런 결정은 쉽게 못 했을 텐데."

"에이 나는 용기 없는 사람인 거 알잖아. 다만 용기를 선택한 사람인 거지. 네가 아는 것처럼 나는 결정 장애가 있어서 편의점에 가도 뭐 먹을지 한참을 고민하잖아. 그런 내가 자퇴라는 선택을 할 수 있었던 건 내가 용기 있는 사람이어서가 아니라 수많은 선택지 중 용기라는 선택지를 선택했기 때문이야. 그리고 내 가슴이 원하더라. (뭐?) 아니 그거 말고. 내 마음이 원했다고. 이렇게 하기를!"

이야기를 마치고 집으로 돌아오는 길, 만감이 교차했다. 눈물을 흘리며 이런 생각을 했다.

부모님에게 자퇴한다고 이야기하고 일주일이 지난 오늘 우리 반 모든 친구 앞에서 내 꿈과 직업 그리고 자퇴에 관해 이야기했다. 내가 하고 싶을 말을 다 할 수 있어서 좋았고, 친구들이 잘 들어주고 호응해준 덕에 멋진 자퇴식을 할 수 있게 되어 더더욱 좋다. 집중하지 않을 것 같았지만, 모두가 숨죽이며 내 이야기에 집중한 그 순간 살짝, 아니 많이 감동하였다. 단체 사진 찍자니까 뛰어나와서 포즈도 잡고. 정말 고맙고, 정말 사랑한다.

만약 너희가 내일 당장 시한부 선고를 받는다면, 남은 시간에 지금 하는 것들을 계속하기를 바라. 지금 하고 있는 게 너희가 가장 하고 싶은 일이고, 가장 소중한 일이어서.

carpe diem

I AM 제해득

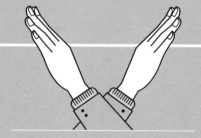

뜨겁게,
아낌없이 사랑하다.
내 인생이니까

작가
제해득

대한민국 1호 드림 캐스터(Dream Caster)다.

그는 언제 어디서나 미래와 꿈에 대한 정보를 수집, 분석하여 필요로 하는 사람에게 전달하는 임무를 수행하며, 사회와 국가의 현재 상황과 미래를 예측하고 대비하는 일을 하는 사람이다. 1966년생인 그는 2녀 1남을 둔 가장으로 두 딸을 출가시키고 이미 손자까지 본 젊은 할아버지 이기도 하다. 대학과 대학원에서 법학을 전공했던 그는 젊은 시절 8년간 사법시험을 공부했으나 실패했다. 그대로 늦은 나이에 육군 이등병으로 입대하여 서른에 군대를 제대했다.

그 후 취업의 길을 포기하고 스스로 창업의 길을 선택했다. 우연한 기회에 외국의 건설자재를 접하고, 스스로 건설자재 회사를 설립하여 생초보로 사업을 시작했다. 덕분에 한 번도 월급을 받아 본 적이 없는 이력의 소유자다.

그는 20년 넘게 건설회사와 건설자재 회사를 경영하면서 수백억의 연 매출도 올렸고, 수차례의 부도와 파산을 경험하면서, 개인파산과 법인파산을 모두 경험한 산전수전의 이력을 가진 역전 의 사업가다. 기업을 운영하면서 r&d에 치중했던 그가 직접 발명한 특허는 60건이 넘는다. (주) 아이씨오엔, (주)뉴택매써드, (주)콘스타 대표를 역임했고 지금은 경관포장기술연구소와 (주)하 이탑의 대표를 맡고 있다.

도시공학박사, 도시개발정책 전문가, 도시경관디자인 전문가인 그는 한양대학교 도시대학원에서 도시개발경영 분야의 강의를 하며, 현재 디자인융복합학회, 한국산학기술학회. 한국콘텐츠학회. 부동산정책학회. 도시정책학회 정회원으로 활동 중이며, 중기청, 국토부, 산자부 등의 R&D 심사 위원으로 활동 중이다. 또한 (사)미래도시포럼 이사, 한국중소벤처무역협회 이사, 한국공업화학 회 부회장을 겸하고 있다.

다가오는 기회들을 놓치지 않고 매사에 최선을 다하는 그는, 자신의 경험을 바탕으로 미래도 시와 도시경관, 도시디자인을 연구하고 있으며, 청년창업, 중소기업 경영, 도시개발계획, 미래 북한 도시개발 관련 연구와 저술 활동을 통해, 개인과 국가를 위한 대한민국 1호 드림 캐스터 (Dream Caster)의 역할 역시 성실하게 수행하고 있다.

✉ E-MAIL hdjae@hanmail.net

×

아직은 회사에
남아 있어야 하는 세 가지 이유

요즘 '취준생'이라는 신조어 못지않게 많이 사용되는 것이 '퇴준생'이라는 말이다. 이러한 사회적 분위기에 따라 퇴직을 준비하는 사람들을 위한 여러 가지 교육이나 강의도 흔하게 개설되어 있다. 아래 내용은 모 일간지에서 직장인을 상대로 한 설문 조사에서 나온 결과다.

당신이 퇴사를 생각한다면 그 이유는 무엇입니까?

"연봉이 다른 회사보다 작다. 회사가 위태롭거나 장래성이 없다. 유학이나 진학 등 공부를 더 하고 싶다. 조직문화가 나 자신과 맞지 않는다. 다른 사람과의 관계가 힘들다. 직무가 내 역량이나 적성에 맞지 않는다. 입사할 때의 기대와 다르다. 직장생활을 그만두고 창업을 하고 싶다."

이처럼 우리는 다양한 이유로 퇴사를 생각하고 있다. 직장은 들어가기가 힘들지 나오기는 쉽다. 내가 마음만 먹는다면 당장 내일부터라도 그만둘 수 있다. 그런데 사실 그게 말처럼 쉽거나 간단한 문제도 아니다. 엄청난 심사숙고가 필요한 일이다. 어쩌면 내 인생의 새로운 이정표를 맞이한다는 측면에서는 둘도 없이 중요한 일이라 할 것이다. 아래와 같은 질문도 있었다.

당신이 지금 몸담은 회사는 어떤 회사입니까?
"일상의 업무에서 배울 것이 있다. 같이 근무하는 사람들이 좋고 관계가 원활하다. 복리후생이나 상대적으로 급여를 많이 준다. 회사에서 하는 일이 보람차고 재미있다."

이 모든 것을 충족시킬 수 있는 회사는 이 세상에는 없는 것으로 안다. 하지만 이 다섯 가지 조건 중 하나라도 충족된다면 그 회사는 다닐만한 가치가 있는 회사다. 물론 더 많을수록 좋긴 하겠지만 말이다.

하지만, 위의 조건을 하나라도 충족시키지 못하는 회사라면 과감하게 이직하든 퇴사하든 결단을 내려야 한다. 아무리 취업하기 힘든 세상이라고 해도 한 가지 조건을 충족시킬 수 있는 회사는 내 의지만 있다면 충분히 찾을 수 있을 것이다.

내가 몸담은 회사는 지금 내 삶에 가장 많은 시간을 보내는 곳이고 가장 중요한 가치를 제공하는 곳이다. 내가 이렇게 생각하는 중요한 기준이 있다. 투자와 희생에 관한 것이다. 회사에 다니는 일이 투자하는 것인지, 아니면 희생하는 것인지에 대해 진지하게 고민해본 사람은 많지 않을 것이다.

우리는 투자에 익숙해 있다. 그리고 누구나 가능한 범위에서 투자를 꿈꾸고 또 어떤 이들은 지금도 계속 투자하고 있다. 그러면 회사에 다니는 것이 나에게 투자인가? 아니면 희생인가? 자신이 기여한 것 이상으로 회사에서 얻을 수 있는 것이 크다면 투자가 될 것이다. 얻을 수 있는 것이란 금전적인 것이 제일 크고 중요한 부분이겠지만, 그 이외에도 여러 가지 유무형의 것들이 있을 수 있다. 그런데 자신이 기여한 것에 비해 회사에서 얻을 수 있는 것이 작다면 이것은 투자가 아닌 희생이다.

직장은 가정과 달라서 조건 없는 희생을 요구하는 장소가 아니다. 내가 제공한 시간과 기술에 대해서 그에 상응하는 만큼의 급여와 복지를 받아야 한다. 회사에서 월급을 주는 것이 아니라, 개념을 바꾸어 내가 나에게 월급을 주는 것으로 생각할 수도 있다.

희생하는 직장생활이 아닌 투자하는 직장생활을 해야 하고, 투자하는 데도 수익률을 검토해 나만의 잣대로 끊임없이 높여나가야 한다. 그것이 직장생활을 잘하는 방법이고, 누구에게나 찾아올 마지막 출근 날 이후를 잘 대비하는 원동력이 될 것이기 때문이다.

내가 다니는 직장이 중소기업인가? 그래서 퇴사를 생각하는가?

중소기업은 누구나 알다시피 대기업이나 공무원보다 급여나 복지 등 여러 가지 부족한 점이 많다. 그러나 위에서 말한 조건 중 한 가지라도 해당하는 항목이 있으면 대기업보다 훨씬 더 투자가치가 높은 회사일 수 있다.

중견기업이나 대기업 그리고 공무원들은 대개 하나의 조직을 운영하는 주체가 아니라 그 부속품인 객체의 역할만을 하게 된다. 나무 하나를 잘 볼 수 있지만, 숲이라는 그림을 볼 수도, 그릴 수도 없는 시스템이다.

하지만 중소기업에서는 대기업에 비해 조금만 노력해도 주목받을 기회가 많다. 즉, 대기업에 비해서 개인적으로 성장할 기회가 많다는 것이다. 또한, 계속 직장생활을 할 거라면 충분히 롱런할 수 있는 여건이 있으며, 업무의 특성상 멀티플레이어를 요구하기 때문에 경영의 전반을 두루 경험하고 내 자산으로 만들 기회가 많다. 그리고 의지만 있다면 그곳에서 배운 업무로 퇴직 후에 직접 사업화로 연결할 것들이 무수히 많다.

혹시라도 자신이 다니는 회사가 작은 회사여서 그만두려고 하는 우는 범하지 말아야 한다.

20년 전, 필자가 창업하고 처음 시작했던 일이 미국에서 수입한 건설 분야의 토목용 포장 관련 자재와 공법이다. 국내에 처음으로

도입한 아이템이어서 시장에 자리 잡는데 많은 고생을 했다. 그러나 다행히 한국 건설시장에 뿌리를 내리게 되었고, 20년이 지난 지금은 많이 일반화된 제품과 공법이 되었다.

그런데 제품이 좋은 줄만 알았지 어떻게 관리해야 하는지 몰랐다. 나름의 지적 재산권을 확보해서 누구나 이 공법을 따라 하거나 이 제품을 만들지 못하게 안전장치를 마련해야 하는 것을 몰랐고, 그 이유 자체도 생각지 못했다. 덕분에(?) 우리 제품이 한국에 자리를 잡고 나니 2~3년 정도 근무하면 직원들이 하나씩 퇴사를 했다. 그리고는 그동안 배웠던 나름의 노하우를 가지고 창업을 했다.

지금 한국에서 이 아이템을 가지고 사업을 하는 중소기업이 얼추 100개는 되지 않을까 생각된다. 이 100개의 회사 사장 중에 나에게 월급을 받지 않은 사람은 거의 없다. 단지 그들의 2세와 3세들이 누군지 모를 뿐이다.

여기에서 우리는 두 가지를 생각할 수 있다.

하나는 중소기업에 근무하는 사람들이 의지만 강하다면 대기업에 다니는 사람들보다 창업할 기회가 훨씬 더 많다는 점이다. 지금 그 100여 명의 사장은 어찌 되었건 중소기업 사장으로 좋은 집에 좋은 차 타고 나름 성공했다고 멋 내고 다니는 사람들이 되었다.

다른 하나는 회사에서 충분한 경험을 통해 창업을 위한 준비를 제대로 못 하고 창업한 스타트업 기업의 사장이 치른 그 무수한 수업료에 대한 교훈이다. 창업을 먼저 하든 취업을 먼저 하든 어느 것이 옳고 그른 것은 없다. 확실한 하나는 사전 준비작업 없이 창업하게 되면 내가 번 돈으로 엄청난 수업료를 치러야 한다는 점이다. 수업료는 금전적인 것뿐만 아니라 정신적인 것과 더 크게는 이로 인해 파생되는 가정적인 문제까지 통합하는 수업료를 말한다. 물론 맷집이 좋은 사람이라면 이것도 괜찮을 것이다. 수업료를 지급하면 그것으로 끝나는 것이 아니라 그를 통해 그 이상의 내공이 쌓이게 되기 때문이다.

창업을 하고 사업체를 운영한다는 일은 힘들고 고독한 여정이다. 그만큼 가치가 있는 일이기 때문에 그렇다. 누구나 시작할 수 있지만, 누구나 성공할 수 있는 과정이 아니다. 그러나 준비만 철저히 한다면 그렇게 어려운 일만은 아니다.

돈을 받으면서 배울 수 있는 유일한 곳이 직장이다. 이 좋은 터전을 잘 활용해서 내가 자립할 수 있는 탄탄한 기반을 쌓아야 한다. 적극적이고 능동적으로 직장생활을 하면서 직장에서 인정받는 사람이 직장 밖의 세상에서도 인정받을 가능성이 높다. 세상은 대개 비슷한 구조로 돌아가기 때문이다.

창업을 위해 사직서를 내고자 한다면, 여러 가지 준비를 해야겠지만, 최소한 다음과 같은 세 가지 정도는 진지하게 고려해야 한다.

이 선택은 내 인생의 운명이 달린 문제이기 때문이다.

첫째, 최소한의 생계비용이 준비되었는지, 그리고 앞으로 필요한 최소한의 생활비는 어떤 식으로 조달할 것인지에 대한 구체적인 내용을 생각해 보아야 한다. 특히 가족이 있는 사람이라면 이 부분에 대해서 어떠한 식이든지 최소한의 대책을 마련해야 한다.

둘째, 본인이 창업하고자 하는 분야에 대해 철저히 사전 준비를 하고, 가능하다면 최소한의 직·간접적인 경험을 체험하고 현실감각을 익힌 뒤에 시작해야 한다. 직장이 전쟁터라면 직장 밖의 세상은 전쟁터가 아니라 생지옥이다. 그저 책상에서 그리던 낭만적 감성과 현실은 생각보다 엄청난 차이가 있을 것이다.

셋째, 맷집이다. 창업을 하고 이를 유지하다 보면, 대본에 없는 위기와 위험이 상시로 생겨난다. 월급쟁이 마인드로는 절대 넘기 힘든 산과 계곡들이 끊임없이 돌발한다. 이 험난한 여정을 잘 극복하고 원하는 목적지에 가기 위해서는 시련에 당당하게 맞서 끝까지 살아남을 수 있는 강인한 의지가 필요하다.

최소한 이 세 가지의 문제를 해결하지 못했다면 퇴사는 무기한 연기해야 한다. 이것이 바로 '아직은 회사에 남아 있어야 할 세 가지 이유'다.

×

매력적인 팀원을
구합니다

"박 과장! 지난 주말에 공장에 입고된다고 했던 원자재는 그날 휴일이었는데 어떻게 잘 들어왔는지 모르겠네?"

"아, 잘 모르겠습니다. 제 담당이 아니고 생산팀에서 하는 일이라서요!"

"그러면 송장하고 거래명세서는 받았나요?"

"아니요, 아직… 미팅 마치고 한번 확인해 보겠습니다."

월요일 아침 주간 회의 시간에 사장과 관리과장의 대화 내용이다. 회의를 마치고 두 사람 모두 기분이 상했다. 김 과장은 자기 업무도 아닌데, 그걸 물어보는 사장의 태도에 마음이 상했고, 사장은 조그마한 회사에 다니면서 다 같이 공유하고 확인하는 것이 당연하다고 생각했는데, 네 일, 내 일 따지는 과장의 태도가 불만이었다.

사람들은 모두 태어나고 성장한 여건과 환경이 달라서 그들의 개성도 모두 각양각색이다. 그리고 어떤 사람은 조직에서 항상 인정받고, 또 어떤 사람은 조직에서 항상 뒤처지고 왕따 당하는 역할만 한다. 그렇다면 어떤 사람이 조직에서 항상 인정받고, 하는 일에 보람을 가지면서 매력적인 팀원이 될 수 있을까?

자기 자신을 잘 가꾸는 사람이 가장 매력적인 팀원이 될 수 있지 않을까! 그러면 나를 잘 가꾼다는 것은 어떤 의미가 있을까? 남녀노소를 가리지 않고 외모도 잘 가꾸어야 한다. 눈에 바로 보이는 부분이니 제일 많이 신경 써야 할 부분일 것이다. 이처럼 외적인 부분에 신경 쓰고 관심을 가졌다면 내적으로 부족한 부분을 가꾸고 채워야 한다. 그래야 안과 밖이 잘 다듬어진 매력 있는 사람이 될 수 있다.

지금까지 회사를 운영하면서 수없이 많은 이력서를 받아보고 수없이 많은 면접 시간을 가졌다. 대기업처럼 면접을 주관하는 인사팀이 별도로 없다 보니 대개의 중소기업에서는 대표와 임원이 같이 참석해서 면접을 본다. 중소기업에 인력 구하기가 힘들다고 하는 분들도 많지만, 구인광고를 내면 예전이나 지금이나 정말 많은 사람이 지원한다. 물론 입사 지원 방식이 너무 편해져서 그럴 수도 있다. 그래서 면접을 보기 전에 이력서와 자기소개서를 먼저 읽어

보는데, 보통 60% 이상은 서류 심사에서 탈락하여 면접을 볼 기회
도 주어지지 않는다.

어떤 사람이 탈락자의 줄에 서게 될까? 워낙 다양한 케이스가
있어서 한마디로 요약하기는 힘들다. 단적인 예를 들어 보자.

"넉넉한 살림살이는 아니지만 평범한 가정에서 태어나 엄격하
신 아버님과 늘 사랑으로 대해 주시는 어머님 그리고 (중략) 초등학
교 때는 반장을 하고 학교 OO 동아리에 가입하여 사회생활에 필
요한 기본 소양을 키우고…."

이런 이력서는 눈에 들어오지 않는다. 나는 평범하고 획일적인
이력서는 읽지 않는다. 요즘에는 이력서 작성법도 많이 발전했지만
여전하다. 뭔가 눈에 튀어야 확 들어오지 않겠는가! 이처럼 이력서
하나에서부터 업무 하나까지 주목받을 만한 사람이 되어야 한다.
주목을 받는다는 의미가 다양할 수 있지만 적어도 남들에게 나의
존재가 술에 술 탄 듯, 물에 물 탄 듯 항상 희미하게 존재해서 되겠
는가!

회사에서는 사장님과 임원 그리고 팀장들이 항상 독수리의 눈
으로 팀원들을 관찰한다. 그것이 의식적이든 그렇지 않든 그분들은
같이 일하는 팀원들을 관찰하고 평가한다. 그러면 '평생 다닐 직장

생활도 아닌데 굳이 간 쓸개 다 빼가면서 팀장, 임원들 비위를 맞추면서 살아야 하는가?' '무엇 때문에 그래야 하는가?' 이런 생각이 들 수도 있다. 패기 있고 당찬 발상 같지만, 최고로 어리석은 생각이 아닐 수 없다.

통계에서도 여러 번 나왔지만, 필자가 직접 실제 회사를 운영하면서 퇴사하는 사람들을 분석해보면, 인간관계 때문에 퇴사하는 사람이 많다. 그리고 이 이유를 가진 사람은 다른 이유를 가진 사람보다 훨씬 더 돌이키기 힘든 상황을 맞게 된다.

어떻게 하면 좋은 인간관계와 유능한 팀원이 되어 보람찬 회사생활을 할 수 있을까? 가장 좋은 방법은 상사에게 잘하는 것이다. 모시는 상사가 개망나니 같은 대책 없는 사람도 있을 수 있다. 하지만 이들과의 관계를 원만하게 잘 유지해야 한다. 이런 상사들은 대개 내면의 문제가 있는 사람이다. 공허한 마음을 달래는 방식이 잘못된 것이다. 따라서 자신에게 마음 써 주는 사람에게는 다른 사람들보다 훨씬 더 많은 애정을 준다.

특히 창업을 생각하는 사람이라면 더욱더 잘 화합할 수 있어야한다. 세상에 나가면 흔히 만날 수 있는 상식 밖의 사람을 다루는일과 차원이 같기 때문이다. 창업해서 기업을 운영한다면 최소한고객을 만족시키든지, 문제를 방지하든지 해야 내 가게가 문제없이잘 돌아갈 수 있지 않겠는가? 모의고사를 많이 치면 칠수록 실전에 유리한 것처럼 말이다.

이 세상은 사람과 사람이 어우러져 살아가는 곳이다. 그래서 가장 중요한 덕목 중 하나가 '인간관계'라는 것인데 상사와의 인간관계는 직장에서 생존하고 인정받기 위한 가장 중요한 덕목이 아닐 수 없다.

'나'라는 존재가 팀장이 항상 같이하고 싶은 상대라면 회사생활이 편하고 보람 있을 것이고, '나'라는 사람이 누구에게나 추천하고 싶은 사람이라면 이직할 때 엄청난 도움이 될 것이다. 그리고 그렇게 조직에서 생존하는 법을 터득하고 자타가 인정하는 사람이라면 나중에 창업해도 절반은 성공하고 시작하는 게임을 할 수 있다.

유능한 팀원이 되기 위한 또 다른 방법이나 조건은 수없이 많지만, 그중에서 실천하기 쉽고, 투자효율이 높고, 효과 있는 것 몇 가지만 소개하고자 한다.

첫째, 아무리 생각해봐도 제일 실천하기 쉬운 것은 인사 잘하는 일 아닐까?

언제나 밝고 활기찬 모습으로 상사 동료 부하 직원들에게 친절하게 인사하는 자세를 유지하는 것으로 절반은 성공했다고 할 수 있다. 사실 일관성 있게 인사성을 지킨다는 것이 그리 쉽지만은 않다. 항상 기분이 좋을 수도 없고, 항상 친절하게 대하는 마음 상태를 유지하기도 힘들다. 하지만 어렵더라도 애써 친절하고 밝은 인사를 던지면 그 때문에 자연스럽게 나 자신이 밝아지고 기쁘게 된다. 그리고 상대방에게는 좋은 사람으로 인정받는다.

둘째, 투자효율이 가장 높은 것은 능동적인 출근이다.

예전부터 내가 즐겨 쓰던 말이다. "알람이 나를 깨우면 실패하고, 내가 알람을 깨우면 성공할 수 있다." 가끔은 술 먹고, 때로는 과로로 알람에 의존해서 억지로 일어날 수도 있지만 매일의 일상을 알람이 나를 깨우게 해서는 성공하는 인생을 살 수 없다.

아침에 남보다 30분 더 일찍 출근한다는 자세를 가지고 1년만 실행해 보자. 충분히 긍정적인 이미지 만들기가 될 것이고, 무엇보다도 나 자신에게 좋은 에너지를 가져다줄 것이다. 억지로 어쩔 수 없이 하지 말고, 내 일처럼 적극적으로 회사생활에 임하면 무조건 인정받는 팀원이 될 수 있다.

셋째, 가장 효과 있는 것은 주인의식을 가지고 회사생활에 임하는 자세다.

거창할 필요가 없다. 복도에 떨어진 휴지 하나. 탕비실에 있는 컵 하나만 정리하면 된다. 내가 사용하는 화장실이 막혔을 때 손님은 피해가지만, 주인은 반드시 해결한다. 이것이 주인과 손님의 차이다. 이런 주인 마인드를 가지고 있는 사람이라면, 반드시 상사의 눈에 띄게 되고 인정받는 팀원이 될 수 있다. 설령 일을 잘 못 하더라도 용서될 수 있는 사람이다.

지금까지 말한 세 가지를 잘 살펴보면 공통점이 하나 있다. 모두가 나를 위한 행동이고 가장 큰 수혜자는 나 자신이라는 것을 알게 될 것이다. 이 세 가지를 잘하는 사람은 이 세상 어디에서 무엇을 하든 성공할 수 있는 사람이다.

사장의 입장에서는 팀장도 팀원이다. 팀장이 5명의 팀원을 이끌어가고 있듯이 사장도 나와 같이 5명의 팀장을 이끌고 간다. 유능한 팀장이 되기 위해서는 벤치마킹을 잘해야 한다. 우선 사장한테 인정받기 위해서는 나의 팀원 중 나에게 가장 인정받는 친구를 분석해보라. 그러면 사장이 좋아하는 팀장의 조건을 어느 정도는 이해할 수 있게 될 것이다.

팀원들에게 인정받기 위해서는 사장님을 잘 관찰해보면 답을 알 수 있다. 팀장들이 공통으로 생각하는 사장님의 장단점을 정리해보고 장점은 따라 하려고 애쓰고 단점은 하지 않도록 노력하면 팀원들에게 인정받는 팀장이 될 수 있다. 세상의 원리는 대동소이하기 때문에 나오는 결론이다.

이렇게 조직은 돌고 돌아가는 것이다. 어제도 그랬고, 오늘도 그렇고 내일도 그럴 것이다. 유능한 팀원이 몇 년 후에 유능한 팀장이 되고, 유능한 팀장이 유능한 사장이 된다. 그리고 그런 정신과 자세를 몸에 익힌 사람만이 창업을 해도 성공할 가능성이 높다. 그런 사람들은 선택받은 사람이고, 그것은 나의 의지로 결정할 수 있는 부분이다.

자! 나는 어느 쪽을 선택할 것인가?

나는 일기(日記)쓰는 CEO입니다

"오늘은 학력고사 점수가 발표되는 날이다. 친구들과 함께 덕유산 등산을 마치고 학교로 와서 선생님이 나눠주는 점수표를 받았다. 내가 예상했던 점수보다 너무 많은 차이가 났다. 내 아픈 노력의 결과가 이것이란 말인가? 닦지도 못할 눈물이 절로 흐른다. 아무런 생각 없이 버스를 탔다. 담배를 피우고 싶었다. 그래서 난생처음 담배를 사서 버스 뒷좌석에 앉아 한 갑을 다 피웠다. 혀가 따가웠지만, 아무것도 아니었다. 방황했다. 벌써 5일째다. 방황에서 오는 방황은 나를 더 슬프게 했다. 아무도 없다. 나는 혼자다."

35년 전 내 나이 19살 추운 겨울에 쓴 일기다. 숙제가 아닌 나자신의 의지로 쓴 첫 일기의 한 페이지다. 어마어마한 세월이 흘렀는데도 일기장의 표지와 글씨는 하나도 바래지 않고 선명하게 남아 있다. 지금 내 막내아들의 나이에 쓴 일기니 세월이 오래도 지났다. 내 아들도 지금 그때 나와 비슷한 생각을 하고 있을까?

처음에는 하얀 노트에다 검은색 볼펜으로 일기를 쓰다가 10여 년 전부터는 컴퓨터에 일기를 쓰고 있다. 노트와 컴퓨터에 글을 쓰는 것은 기록한다는 면에서는 같지만, 여러 가지 면에서 차이가 있다.

컴퓨터에 저장된 일기는 보안을 위해서 비밀번호로 잠가 놓고 있지만, 언제든지 10년 전의 오늘, 1년 전의 오늘로 시간여행을 자유롭게 할 수 있어 좋다. 10년 전에는 내가 무엇을 하고 있었고 어떤 것이 중요한 관심사였으며, 그때의 내 꿈은 무엇이었는지, 때로는 그날 저녁에는 무엇을 누구와 함께 먹었는지도 알 수 있기도 하다.

종이에 깨알같이 내 삶을 기록하는 것은 보관하거나 작성하기 번거로운 면이 있지만, 더 큰 의미가 있다. 요즘같이 편리한 세상에 아날로그 방식을 쓴다는 것이 흐름에 맞지 않지만, 글을 쓰고 기록을 한다는 것은 예전 방식이 더 유용해 보인다. 우리는 하루에도 몇 번씩 휴대폰으로 사진을 찍지만 정작 인쇄해서 앨범에 저장된 사진은 거의 없지 않은가! 쉽게 얻어진 것은 대개 쉽게 사라진다. 그리고 쉽게 사라지는 것들은 그만큼 가치가 없는 것들이 대부분이다.

어떤 방법이 좋은지는 딱 잘라 말할 수는 없지만 아무래도 펜으로 직접 쓴 일기가 좀 번거로울 뿐이지 감성을 자극하고 리마인드하는 데는 훨씬 더 큰 효과가 있다. 어떤 방식을 선택하는가는 차

후의 문제다. 우선은 일기 쓰는 일에 관심을 가지는 것이 중요하다.

매일 빠짐없이 일기를 쓰다가 십수 년 전부터는 일기를 '주기'로 바꾸어서 쓴다. 사회생활을 하다 보니 하루하루가 전투다. 일주일에도 몇 번씩이나 고주망태가 되어 귀가하기도 하고 밤늦도록 회사 업무에 매달려야 하는 시간이 잦다 보니 일보 후퇴한 것이다. 정말 그럴싸한 핑곗거리를 찾은 것이다.

그래서 지금은 '일주일에 반드시 한 번 이상'이라는 나와의 약속은 철저하게 지키고 있다. 수년 전에는 매일 일기를 써야겠다는 생각을 잠시 하다가 다시 보류했다. 작가의 삶을 살다 보면 매일 작가로서 글쓰기를 해야 하는 일이 있고, 또 적지 않은 양의 독서를 하면서 소위 독후감도 써야 하니 현업에 있는 사람으로서는 너무 빠듯한 현실이다. 그래서 지금은 '일주일에 반드시 한 번 이상'이라는 원칙을 고수하면서 살고 있다.

세상에는 세계사가, 나라에는 국사가, 개인에게는 일기가 있다. 나는 소중한 사람이기에 나의 살아온 흔적을 잘 정리하고 보존해야 한다. 일기는 있었던 그대로의 사실을 기록하는 것에서부터 시작해서, 생각이나 계획 그리고 감사 등에 대해서 재미있게 쓰는 것이 좋다.

많은 사람이 바빠서 일기를 쓸 수 없는 것이 아니라 일기를 쓰지 않기 때문에 항상 바쁘고 쫓기는 생활을 반복한다는 사실을 알아야 한다. 일기 쓰기를 통해 매일매일 하루를 되돌아보는 시간을 가지고 내일을 계획하는 습관을 반복한다면 다가오는 내일은 항상 오늘보다 조금 더 나은 삶을 살 수 있는 선순환을 맛볼 수 있을 것이다.

일기를 쓰는 행위는 기도하는 것과 같다. 기도는 때로 반강제적이거나 완전 자율에 의해서 하지 않는 경우도 있지만, 일기 쓰기는 누구의 간섭이나 강제가 없는 상태에서 스스로 습관처럼 행한다는 점에서 기도하는 의식보다 한 단계 상위에 있는 고차원적인 자기 성찰법이다. 일기 쓰기는 어떤 습관보다 하루를 알차게 만들고 주어진 하루하루의 인생을 계획적으로 만들고 더 나은 방향으로 유도하게 하는 시작점이 될 것이다.

그런데 일기를 쓴다는 것이 그리 만만한 일이 아니다. 매일 쉬지 않고 반복해야 하는 일이어서 더욱더 그렇다. 좋은 반복, 즉 좋은 습관을 지속하면 운명이 바뀌는데 어찌 쉬울 수 있겠는가? 그래서 일기와 친해지는 좋은 방법을 제안해 본다.

일기는 기록하는 습관에서 시작한다. 그래서 기록을 하는 습관을 몸에 익히는 것이 먼저다. 내가 좋아하는 일, 관심이 많은 일, 중요하다고 생각하는 일에 대해서 기록하자. 다이어트를 하는 사람이라면 이렇게 하면 될 것이다.

먼저 다이어트를 하는 목표를 구체적으로 기록한다. 그리고 이를 실행하면서 다이어트를 위해서 하는 운동의 종류나 강도, 시간이나 방법 등에 대해서 매일 기록한다. 이것들이 모이면 코치와 함께 공유해서 앞으로 진행할 운동 계획의 중요한 자료로 활용할 수 있고, 나중에 나의 자산이 될 수도 있다. 다음으로는 매일 운동으로 소모한 칼로리를 계산해서 기록하고, 몸에서 일어나는 반응, 식사하는 방법이나 내용, 그리고 얼마나 지속해서 하고 있는지 등을 기록해 나간다면 원하는 목표에 도달하는 데 많은 도움을 줄 것이고, 지속해서 운동할 수 있는 에너지가 될 것이다.

수험생이라면 지금 공부하고 있는 내용과 계획, 그리고 실천한 사항을 매일 기록하면 된다. 주식이나 투자를 하는 것에 관심이 많은 사람이라면 관련된 정보를 기록하면 되고, 육아를 하는 부모라면 육아일기를 쓰면 된다.

어떠한 형식이든 본인이 관심 있는 부분이나 반드시 해야 하는 일에 대해서 기록을 시작하면 좋다. 그러면서 기록하는 습관이 몸에 배면서 자연스럽게 체화되면서 발전해 나갈 것이다. 그냥 써야겠다고 생각하고 시작하면 모두 작심삼일에 끝난다. 물론 작심삼일을 삼 일에 한 번씩만 하면 가능하겠지만 만만한 일이 아니다. 좋아하는 일이나 하고 싶은 일에 대한 내용이나 진행 과정 목표 등에 대해서 기록하기 시작하면 쉽게 몸에 체화된다.

우리는 역사가 없는 시대를 선사시대라고 한다. 선사시대는 원시인들이 살았던 시대를 말하는 것으로 역사 이전의 시대를 말한다. 사람들은 모두 소중하고 가치 있는 삶을 살고 싶어 한다. 그렇다면 나의 역사는 내가 만들고 기록해야 한다.

필자가 25년 동안 사업을 하면서 수없이 많은 시련과 실수를 경험하면서도 지금까지 건재하게 버티는 이유가 있다. 성년이 되면서부터 쓰기 시작한 일기 덕분이라고 단언할 수 있다. 이를 통해서 나를 점검하고 반성하고 다시 설계하면서 살아왔고, 이제는 어떤 강풍이 불어와도 건재하게 버틸 수 있는 내공을 키울 수 있었다.

돈이 들지 않은 유일한 자기계발, 일기(日記)

사람은 잘 바뀌지 않는다. 이 말은 사람의 생각이 잘 바뀌지 않는다는 말이다. 생각이 바뀌어야 행동과 습관이 바뀌는데 그게 그렇게 쉬운 일은 아닌 것 같다. 30년 전의 일기를 꺼내 읽어보아도 그때나 지금이나 내가 생각하고 있는 기본 틀은 크게 변화된 것이 없다.

이 말은 그만큼 인생을 대충대충 주어지는 대로만 살았다는 말이 될 수도 있지만, 사람은 성년이 되기 전에 형성된 자아의 틀을 특별한 일 없이 바꾼다는 것은 참 어려운 일인 것 같다. 예전의 일기를 읽어보면, 그때 어떻게 그런 생각을 했는지 참 놀라운 내용이 적지 않다. 너무 오랫동안 스스로 변화시키지 못하고 세월이라는 물 위에 나를 맡기고 그냥 흘러온 것이 아닌가 하는 생각이 들기도 한다.

우리는 초등학교에서부터 고등학교까지는 일기를 쓴 경험이 있다. 그때는 자의가 아니었다. 오직 숙제를 위한 일기였을 것이다. 나도 그랬으니까! 그리고 성인이 되면 우리는 숙제를 하지 않아도 되기 때문에 자연스럽게 일기와 이별하게 된다. 한편, 부모와 선생님은 자녀들에게 일기 쓰기를 강요하지만, 정작 일 년에 한 번이라도 일기를 쓸까? 교감 선생님인 내 누나도, 5학년 담임선생인 내 조카도 그렇다.

"엄마! 나는 언제까지 일기를 써야 해? 엄마처럼 어른이 되면 일기는 안 써도 되는 거지?"

사랑하는 내 자식이 이렇게 물어본다면 어떻게 대답해야 할까?

"그럼 일기는 고등학교 1학년 때까지만 쓰면 돼. 그때부터는 열심히 공부해서 좋은 대학에 가야 훌륭한 사람이 되니까 일기는 안 써도 되는 거란다."

이렇게 대답하는 것이 과연 옳을까?

일기는 진정한 자기를 깨닫기 시작하는 그때부터 써야 한다. 우리가 흔히 일기 쓰기를 졸업하는 그 시점이 바로 일기 쓰기를 입학해야 하는 시점이다. 행동으로 보여주는 교육보다 더 좋은 교육은 없고 같이 하는 교육보다 더 효과적인 교수법이 없는 것처럼 내 아이를 사랑한다면 같이 앉아서 각자의 일기를 쓰자.

꿈이 있는 사람이라면 앞만 보고 멀리 뛰어야 한다. 꿈을 위해서 그렇게 해야 하고 원하는 꿈을 이루면 모든 것이 해결된다고 흔히들 말한다. 과연 이것이 정답일까? 꿈을 가진 사람은 멀리 그리고 높은 곳을 보고 가야 하지만, 가끔은 길을 가다가 쉬기도 하고 하늘의 별을 바라보며 추억을 반추하는 시간도 필요하다. 꿈을 이루는 그날이 행복에 접어드는 첫날이 아니라 원하는 바를 찾아가는 과정들, 그 하루하루가 행복해야 하기 때문이다.

우리는 열심히 뛰어가면서도 가끔은 그늘나무 아래에서 내가 지금 어느 쪽에서 왔고, 지금은 어디에 있으며, 또 내일은 어디로 가야 하는지를 챙겨보는 여유를 가져야 한다. 일기는 우리에게 엄청나게 많은 이익을 주지만, 그중에 하나가 이런 '쉬어가기'와 '점검하기'의 역할도 한다.

우리 회사에는 모든 임직원이 매일 업무보고서를 작성한다. 회사에 다니는 사람이면 누구나 회사에서 시키는 일을 해야 할 의무가 있기에 모두 하루도 빠짐없이 작성하고 보고한다. 이렇게 남이 시키는 업무보고서는 매일 쓰면서 왜 나의 일기는 하루도 쓰지 않을까? 물론 하루를 돌아보며 무언가를 쓴다는 면에서 긍정적이지만, 월급을 받기 위해서 어쩔 수 없이 쓰는 것뿐이다. 만약 이들이 강요가 아니라 자의에 의해서 업무 이외의 회사에 관심사까지 기록하는 능동적인 일기를 1년만 썼다면 엄청난 변화를 가져왔을 것이다. 누구나 어쩔 수 없는 상황이겠지만. 내 회사라는 마음가짐으로 나의 업무와 더불어 주변과 회사 전체에 대한 생가들을 생각하고 정리하고 기록했다면 그 사람은 이미 성공한 사람이며, 앞으로 성공할 것이다.

출산을 앞둔 예비 부모나 이미 아이를 가진 부모라면 육아일기를 써 보기를 강력히 추천한다. 엄마가 쓰는 육아일기, 아빠가 쓰는 육아일기, 이것을 시발점으로 해도 좋다. 사람들은 자기를 위해서는 잘 투자하지 않지만, 모든 사람의 공통점이 있다. 자식을 위해서라면 무엇이든 할 수 있다는 것이다. 그래서 육아일기라면 잘 쓸 수 있지 않을까. 잘 정리했다가 나중에 아기가 성장해서 선물로 주면 이 세상 무엇보다 값진 선물이 될 것이다. 그리고 육아일기를 작성하는 습관을 몇 년 동안만 몸에 익히면 자연스럽게 나의 일기 쓰기로 옮겨갈 수 있을 것이다.

일기는 돈이 들지 않은 유일한 자기계발법이고, 가장 훌륭한 자기계발법이다. 일기를 쓰면 무엇이 좋은가? 무엇 때문에 일기를 써야 하는가? 정말 궁금하면 하루도 빠짐없이 1년만 써 봐라. 그리고 그 일기에는 일상의 스토리와 함께 반드시 내가 하고 싶은 일, 내가 원하는 소원을 기록해 보라.

우리는 모두 오래전에 준비를 끝냈다. 이미 초등학교에서 한글을 숙달했고 그것도 부족해서 영어까지 쓸 수 있지 않은가! 그리고 컴퓨터가 없는 시대는 아니지 않은가! 일단 쓰기만 하면 된다. 열심히 두드려 보자. 그러면 열릴 것이다. 반드시!

내가 누구인지 알고 싶은가? 내가 어디서 왔는지를 알고 싶은가? 그리고 내가 지금 어디에 서 있는지, 그리고 내가 어디로 가야 하는지를 알고 싶은가? 내가 바라보는 길을 어떻게 하면 잘 갈 수 있는지 알고 싶은가?

그러면 일기를 써라. 일기는 역사의 기록이고 미래에 대한 예보다.